Julie von Bismarck

Mit dem Pferd statt auf dem Pferd

Ein Leitfaden für feines Reiten

Impressum

Julie von Bismarck
„Mit dem Pferd statt auf dem Pferd“
ISBN: 978-3-9820414-9-0

1. Auflage, Paperback
Erscheinungsdatum 2019
Umschlaggestaltung: Autor
Druckerei: BoD
Selbstverlag Verlag von Bismarck
Julie von Bismarck
Herrenholz 18
23556 Lübeck
Abbildungen privat, Fotos: istock photo

Printed in Germany

Inhaltsverzeichnis

Ich danke allen Pferden, denen ich in meinem Leben begegnet bin und die mir so viel beigebracht haben.
Besonders danke ich meinem Pferd und besten Freund Summer, der mir noch einmal ein völlig neues Niveau von Feinheit und leichtester Kommunikation aufgezeigt hat.

1. Kapitel

In meinen über vierzig Jahren als Reiterin habe ich alle möglichen Pferde geritten: faule, hektische, durchgehende, bockende, steigende, freche, sture, ängstliche.
Pferde, die schwer zu stellen und biegen waren oder die im anderen Extrem einfach immer gebogen und nicht geradezurichten waren. Pferde, die nur schwer am Zügel gingen oder die sich sofort einrollten, wenn man den Zügel nur anfasste.
Pferde, die ständig erschraken, immer unter Spannung standen und bei dem geringsten Anlass panisch durchgingen.
Was mir allerdings bald klar wurde war, dass eben solche Beschreibungen wie: „faul", „hektisch", „triebig", „ängstlich", „steif", den Pferden unrecht taten.
Denn für jedes Verhalten gibt es einen Grund.

Nach der Auffassung meiner Großmutter, bei der ich das Reiten lernte, war eben dieser Grund immer und ausschließlich beim Reiter zu suchen.
Es gab in ihren Augen keine schlechten oder guten Pferde, es gab nur gute oder schlechte Reiter.

Unter diesem Motto lernten wir den Umgang mit dem Pferd und: Reiten. In der Praxis sah das so aus, dass bereits das Reinholen von der Weide Regeln hatte und wer seinem Pferd hinterherlaufen musste, um es zu fangen, hatte etwas falsch gemacht.

Wenn mich die Pferde beim Führen über den Weg zogen, um an ein besonders tolles Grasbüschel zu gelangen, beim Reiten im Gelände bockten, durchgingen oder in großen Sätzen vor unsichtbaren Gefahren zur Seite sprangen oder wenn sonst irgendetwas schief lief, war das für mich also immer erst einmal ein Hinweis darauf, dass ich noch nicht genug über das Wesen der Pferde verstanden hatte, um so leicht und unkompliziert mit ihnen umgehen zu können wie meine Großmutter das tat – und dass ich definitiv noch nicht zu den guten Reitern zählte.
Meine Großmutter erklärte uns sehr bildlich und einleuchtend, wie wir was mit dem Pferd tun sollten, ließ uns dann aber im Wesentlichen einfach üben.
Eine Schule, die für mich durch nichts zu ersetzen gewesen wäre, denn durch dieses direkte Erleben, die direkten Folgen der eigenen Fehler und das direkte Hochgefühl, wenn man es beim nächsten Mal anders machte und es dann klappte, bildete sich ganz von selbst ein tiefes, grundlegendes Gefühl und Verständnis für Pferde, das ich sonst vielleicht niemals erlangt hätte. Zumindest nicht in einem so jungen Alter.

Ich hatte also wirklich großes Glück so reiten zu lernen, denn natürlich prägt einen die Art und Weise, wie man etwas beigebracht bekommt.
Meine Großmutter hielt überhaupt nichts von „Hilfsmitteln" wie scharfen Zäumungen. Das Einzige was sie bei uns noch nicht so guten Reitern ab und zu nutzte, waren die guten alten seitlich am Gurt und immer lang verschnallten Lederausbinder.
Sie war davon überzeugt, dass man jedes Pferd allein über den Sitz reiten und steuern könne – so man denn

das Durchhaltevermögen mitbrachte, um die dafür notwendige, disziplinierte Reitausbildung zu überstehen.
Die Ausbildung des Reiters ging damals zu Lasten des Reiters und nicht zu Lasten des Pferdes. Sprich: der Reiter musste lernen, mit dem Pferd zu kommunizieren und ausdauernd an seinen Fähigkeiten arbeiten.
Es wäre niemals infrage gekommen, den Mangel an reiterlichem Können durch das in die Hand geben scharfer Zäumungen oder das Zulassen von Zwang und Gewalt zu kompensieren.
Bei uns musste der *Reiter* leiden, nicht das Pferd.
Wir hatten die aufgescheuerten Knie und die schmerzenden Knochen nachdem wir das dritte Mal runtergefallen und wieder aufgestiegen waren.

Ich muss gestehen, dass ich diese Art der Ausbildung auch nicht immer toll fand und die Meinung meiner Großmutter durchaus nicht immer teilte.
Wenn ich beispielsweise wieder einmal auf einem ihrer als unreitbar von der Rennbahn geretteten und mir bei jedem Ausritt zuverlässig durchgehenden Vollblüter saß, der mich nicht nur komplett ignorierte, sondern tatsächlich vollkommen immun gegen jegliche Einwirkung meinerseits zu sein schien und ich mich in der mit Lichtgeschwindigkeit näherkommenden scharfen Kurve bereits unter dem weggerutschten Pferd liegen oder an der nächsten Kiefer kleben sah, dann verfluchte ich ihre stoische Gelassenheit und wünschte mir nichts sehnlicher als ein Pelham.

Heute kann ich darüber lachen denn ich weiß, dass ich ohne diese harte Schule niemals so reiten gelernt hätte.

Ohne all die Stürze, die durchgehenden Vollblüter, das sture Pony, die riesigen, langen Hannoveraner mit den geraden Hälsen, welche bloß an den Zügel zu reiten durchaus einmal 90 Minuten dauern konnte, ohne die verrückten Trakehner, deren übergroße, baumelnden Ohren stets den trügerischen Eindruck eines ausgeglichenen Gemüts erweckten, nur um in Bruchteilen von Sekunden zu völlig überspannten Nervenbündeln zu mutieren und sich wiederum ein paar Sekunden später in tollkühne Superhelden zu verwandeln, die sich - ohne mich zu fragen - in halsbrecherischem Tempo schnurstracks den nächsten Abhang hinunterwarfen.
Ohne all diese verschiedenen Pferde und all diese Erfahrungen wäre ich nie der Reiter geworden, der ich heute bin.
Ich glaube eine besonders wichtige Lehre daraus war, dass Reiten grundsätzlich erst einmal gefährlich ist. Weil runterfallen dazu gehört (und sich auch nie gänzlich vermeiden lässt, egal wie gut man reitet), weil man versehentlich einen Pferdekopf an die Nase bekommen kann oder einen Strick durch die Hand gezogen oder weil sich ein Pferd mit der größten Ruhe und Selbstverständlichkeit mit seinem ganzen Gewicht genau auf den eigenen, mit einem leichten Sommerschuh bekleideten Fuß stellt und einen auf das Geschrei und Gezeter, es solle sofort seinen Huf von dem Fuß nehmen, anschaut als könne es kein Wässerchen trüben und währenddessen seelenruhig noch etwas mehr Gewicht auf den Huf auf dem Fuß verlagert.

Für meine Großmutter allerdings war es das nicht in diesem Ausmaß. Gefährlich. Ihr trat kein Pferd auf den

Fuß, sie wurde auch nicht mit Kopfnüssen versehen, ihr zog auch niemand den Strick durch die Hand – im Gegenteil: alle Pferde behandelten sie mit dem allergrößten Respekt, achteten darauf, ihr bloß keinen Schaden zuzufügen und hätten wahrscheinlich noch einen Fussel von ihrer Reitjacke gezupft, wenn sie gekonnt hätten.

Das zu beobachten war, denke ich, eine ebenso wichtige Erfahrung für mich: zu sehen wie das selbe Pferd, das jedes Mal beim Putzen und Satteln so lange hin und her taperte und gezielt nach einem meiner Füße suchte, bis es einen gefunden hatte auf den es sich dann zufrieden schnaubend stellte, bei dem ich beim Hufe auskratzen fünf Minuten pro Huf benötigte, bis es sich bequemte den Huf genau einen Millimeter weit anzuheben, so dass ich gerade die Sohle sehen konnte, das das Maul zusammenkniff, wenn ich es auftrensen wollte und man ihm dabei ansehen konnte, dass es bereits darüber nachdachte wie es mich gleich auf dem Ausritt ärgern könnte, kurz - das mir in jeder Hinsicht das Reiterleben schwer machte, sich bei meiner Großmutter benahm.

Wenn meine Großmutter es putzte stand dasselbe Pferd wie eine Statue, wich sofort höflich aus, wenn sie ihm ein klitzekleines Zeichen gab, hielt ihr von selbst alle 4 Hufe zum Auskratzen hin (und zwar so hoch, dass es schon unnatürlich aussah!) und ließ sich zufrieden, mit einem Ausdruck freudiger Erwartung im Gesicht, satteln und trensen.

Das galt für alle Pferde und das galt nicht nur im Umgang, sondern auch beim Reiten.

All diese Pferde, die mit mir im Wesentlichen Unsinn und mir das Reiterleben schwer machten, verwandelten sich unter meiner Großmutter augenblicklich in

strahlende, zufrieden kauende, tiefenentspannte Prachtkerle und einhundert Prozent loyale Partner.
Meine Großmutter konnte auf dem schwierigsten Pferd sitzen, es sah immer alles so leicht aus, als würden sie und das Pferd sich nur über Gedanken verständigen.
Es wirkte für mich immer so, als seien beide in einem Zwiegespräch, einer Unterhaltung unter zwei Freunden und man sah sie einfach nie Hilfen geben.
Die Zügel waren immer eher ein bisschen „zu lang“ und ich habe meine Großmutter nie einem Pferd im Maul ziehen, ein Pferd schlagen oder es anderweitig grob behandeln sehen - sie war genauso freundlich und höflich zu den Pferden, wie es die Pferde ihr gegenüber waren.
Ich habe allerdings auch nie wieder jemanden getroffen, der so viel und so ausdauernd mit übergeschlagenen Bügeln ritt, so hart an seinem Sitz und seiner eigenen reiterlichen Fitness arbeitete und so diszipliniert war.

Dies war also die Erkenntnis: Der Grund dafür, dass das Reiten für mich gefährlicher war, dass die Pferde, wenn ich darauf saß so „schwierig“, „frech“, „hart im Maul“, „hektisch“ waren und mit meiner Großmutter im Sattel sofort so einfach und leicht zu reiten zu sein schienen, war ganz einfach:
Meine Großmutter hatte durch ihren freundlichen, bestimmten und kompetenten Umgang, durch den Fakt, dass sie das Wesen des Pferdes verstanden hatte, den Respekt und die Zuneigung dieser Pferde erworben.
Und: sie konnte reiten.
Im Gegensatz zu mir.
Diese Erkenntnis spornte mich an, alles über Pferde zu lernen, was es zu wissen gab und mit dem

größtmöglichen Einsatz an meinen reiterlichen Fähigkeiten zu arbeiten.
Während der vielen Jahre, in denen ich genau das tat, verstand ich, dass es nicht darum geht das Pferd zu unterwerfen oder zu kontrollieren, sondern sein Vertrauen zu gewinnen, eine echte Freundschaft zu ihm aufzubauen, ihm zuzuhören und mit ihm zu sprechen. Und zwar so zu sprechen, wie man mit seinem besten Freund sprechen würde - sowie eine Sprache zu benutzen, die das Pferd verstehen kann, um Missverständnisse möglichst auszuschließen.

Ich verstand, dass es beim Reiten darum geht, im Pferd einen verlässlichen Freund und Partner zu finden, der freiwillig mit einem arbeitet, mitdenkt und zum Gelingen der Aufgaben beiträgt.
Ich lernte außerdem, dass man ein Pferd mit der Anwendung von Zwang, Gewalt und schmerzhafter Ausrüstung zwar gefügig machen kann, dass man dem Pferd damit aber in einem Ausmaß Schaden zufügt, der weit über die körperlichen Schmerzen hinaus geht und dass das Pferd das niemals vergisst.
Eine gute Methode, um sich Feinde zu schaffen aber ganz sicher keine Basis für eine freundschaftliche und harmonische Zusammenarbeit oder gar, um ein Pferd zum Freund zu gewinnen.

Ich suchte also nach Möglichkeiten, den Respekt der Pferde zu gewinnen und begann damit, mit meinem ebenso „stumpfen“ wie rüpelhaften Pflegepony, das ich in der Stadt ein paarmal die Woche reiten durfte, zu spielen. Statt zu reiten stopfte ich mir also Leckerlis in die Taschen, ging ich mit ihm auf eine leere Weide, nahm ihm das Halfter ab und versuchte ihn dazu zu bringen, mir auch ohne Halfter zu folgen. Meine Idee war: wenn er mir freiwillig folgt, hört er mir vielleicht auch beim Reiten anders zu.

Nun, was soll ich sagen: der erste Versuch endete damit, dass das Pony begeistert seine Nase im Weidegras versenkte und mich und meine Leckerlis vollständig ignorierte.

Ich verbrachte die verbliebene Zeit dann damit, das halfterlose Pony auf der riesigen Weide wieder einzufangen, was schließlich nur mit einem Eimer Hafer glückte. Das war natürlich eine Enttäuschung aber ich wollte das Unterfangen noch nicht aufgeben.

Vielleicht, überlegte ich, hätte ich auf einem Sandplatz und somit mit weniger Ablenkung mit dem Projekt beginnen sollen – und genau das tat ich beim nächsten Versuch.

Und siehe da: das Pony folgte mir nicht nur, innerhalb weniger Minuten trabte es auch an, wenn ich antrabte, galoppierte, wenn ich galoppierte und hielt an, wenn ich anhielt.

Ich kam aus dem Strahlen nicht mehr heraus.

Ein paar Wochen lang beschränkte ich mich auf diese Art der Beschäftigung und Kommunikation mit dem Pferd, bald folgte es mir ohne Halfter auch über den Hof und in den Stall und ich war überglücklich.

Und wie sehr steigerte sich dieses Glück als ich schließlich zum ersten Mal wieder ritt: denn meine Hoffnung wurde übertroffen. Zum ersten Mal konnte ich überall hin reiten und das in jeder Gangart, das Pony schnaubte zufrieden und reagierte tatsächlich nicht nur auf feinste Hilfen, sondern bereits auf meine Gedanken.

Nachdem ich abgestiegen war hing ich ungefähr eine halbe Stunde am Hals des besagten Pferdes und weinte in seine Mähne.
Vor Freude. Das arme Tier.

Dies war das erste Mal in meinem Leben, dass ich wirklich zutiefst realisiert habe wie wenig nötig ist, um mit einem Pferd zu kommunizieren und dass alles was darüber hinaus geht die Beziehung eher schwieriger macht.

Auch wenn ich selbst natürlich noch meilenweit von dem reiterlichen Können meiner Großmutter entfernt war, hatte ich doch recht früh verstanden, dass es möglich ist ein Pferd so zu reiten wie sie es konnte – und dass ich mit dem Bild, welches mir immer in den Kopf kam, wenn ich sie reiten sah, nicht unrecht gehabt hatte: Pferde reagieren auf Gedanken.
Das ist sehr wichtig zu wissen, wenn wir uns mit feinem Reiten beschäftigen und davon erst einmal auszugehen, ist Grundlage für das Reiten der später im Buch aufgeführten Übungen.
Der Reiter macht die Fehler. Diese Grundregel ist wahr und betrifft oftmals bereits das abgelenkt-sein des Reiters.
Das Beherrschen der eigenen Gedanken ist daher für einen Reiter genauso wichtig wie das Beherrschen seines Körpers.

Was sich deutlich einfacher anhört, als es ist.
Selbst heute passiert es mir an unkonzentrierten Tagen immer noch, dass meine Gedanken woanders sind als meine Hilfen und das Pferd bereits auf den Gedanken

reagiert hat, während ich noch in der Entscheidungsfindung bin.
Zum Beispiel wenn ich Serienwechsel reite und zu früh an den nächsten Wechsel denke, da ist mein Pferd dann schon umgesprungen während ich noch versuche mich zu konzentrieren und mitzuzählen.
Oder wenn ich einen Parcours reite und darüber nachdenke abzukürzen, mich dann aber doch für den längeren Weg entscheide und mein Pferd zu dem Zeitpunkt schon längst abgebogen ist.
Oder im Gelände, wenn ich beschließe links am Baum vorbeizureiten und mich im letzten Moment doch für rechts entscheide – da kamen mein Pferd und ich nicht selten schon einmal sehr abrupt zum Stehen: genau in der Mitte, mit dem Gesicht am Baumstamm.
All das passierte aufgrund meiner mangelnden Konzentration. All das sind meine Fehler. Nicht die des Pferdes.

Das Pferd reagiert auf den Körper, die Gedanken und die Stimmungen des Reiters – es ist also nicht sein Versagen, wenn die von dort ausgehenden Signale widersprüchlich oder undeutlich sind. Das sollte man als Reiter unbedingt verinnerlicht haben.
Es sind auch nicht die Pferde, die faul, triebig, hektisch oder unrittig sind, sondern es ist der Reiter, der noch nicht den richtigen Weg gefunden hat, so mit dem Pferd zu kommunizieren, dass es gerne und willig mit ihm zusammenarbeitet.

Die weitaus meisten körperlichen und psychischen Auffälligkeiten, die ich bei Pferden im Laufe meiner Karriere gesehen habe, waren die Folgen falschen

Reitens, schmerzhafter Ausrüstungsgegenstände sowie die Folgen von Stress und Überforderung. Sie wären ohne die Reiter dieser Pferde schlicht und ergreifend nicht entstanden.
Es stellt sich also die Frage was da schiefläuft und eine Antwort ist ziemlich sicher die folgende:

Selbst ich, die ich durch die Art und Weise wie meine Großmutter mit ihren Pferden umging weitgehend vor Ungerechtigkeit dem Pferd gegenüber bewahrt war, hatte Pferde, die ich der Einfachheit halber als „faul", „triebig", „hart im Maul" oder „unmotiviert" beschrieb.
Nun lernen die meisten Reiter aber nicht mehr so reiten, wie ich das Glück hatte es zu tun. Gar nicht immer, weil es ihnen zu aufwendig ist und zu viel Disziplin abverlangt, sondern ganz oft einfach deswegen, weil in den letzten Jahrzehnten so unglaublich viele Reitlehrer entstanden sind, die vermitteln, dass es beim Reiten in erster Linie um Kontrolle über das Pferd geht, dass diese am besten über den Zügel und das Maul des Pferdes errungen werden kann und dass sich ein gelungenes Reiten somit in allererster Linie in einem runden, tiefen Pferdehals ausdrückt, mit der Nase des Pferdes möglichst nah an seiner Brust.
Viele Reiter meinen also, es mache sie zu einem guten Reiter, wenn sie in der Lage sind den Kopf des Pferdes in dieser Position zu halten und das Pferd so in den Gangarten, Geschwindigkeiten, Lektionen und über die Sprünge reiten zu können, die vom Reiter gerade gewünscht sind.

Ja, das ist eine Haltung in der das Pferd keinen großen Widerstand mehr leisten wird.

Weil es nichts sehen kann, weil es unter Schmerzen und erheblicher psychischer und körperlicher Anspannung leidet und weil es kaum Luft bekommt. Kontrolle ist auf diese Weise in der Tat gewährleistet – nur mit echtem Reiten hat es nichts zu tun.

Da die weitaus meisten Menschen reiten lernen möchten, weil sie Pferde lieben, ist dieser Zustand besonders verwerflich: diese Reiter würden ihren Pferden niemals absichtlich schaden und es ist daher ganz besonders tragisch, dass sie mit dieser erlernten Einstellung genau das tun.
Wenn ein Reiter nicht in Erwägung zieht, dass er der Grund ist für die Schwierigkeiten mit dem Pferd, beginnen die Ungerechtigkeiten, die den Pferden teils so enormen Schaden zufügen.
Bei etlichen Reitern gilt es als vollkommen normal, ein Pferd als „unrittig", „triebig", „zickig" oder „hart im Maul" zu bezeichnen und in der Folge zu schärferen Gebissen, Schlaufzügeln, längeren Sporen und Gerten zu greifen und „da mal durch zu kommen", statt nach der Ursache zu suchen - und schon gar nicht bei sich selbst damit anzufangen.
Wenn diese Reiter wüssten, was sie ihren Pferden in einem einzigen solchen Moment antun, würden sie entsetzt vom Pferd springen, es abtrensen und nie wieder reiten wollen, ehe sie nicht einen anderen Weg gefunden haben.

Das möchte ich zumindest gerne glauben und es ist einer der Gründe für dieses Buch: Ich möchte hiermit einen ganz praktischen Beitrag leisten, indem ich meine Erfahrungen sowie eben jene Übungen aus meiner

eigenen Reitausbildung weitergebe, die mir immer wieder geholfen haben, auch mit den „schwierigsten" und von anderen Menschen verdorbenen Pferden zu Leichtigkeit und feiner Zusammenarbeit zurück zu finden.
Etwas, das ja bei weitem die meisten Reiter unter uns anstreben und das wirklich das größte Ziel sein sollte in der Reiterei - auch, weil es so viel mehr Freude macht und nicht nur, weil es das Pferdewohl erhält.

Das ganze Ausmaß der Folgen einer solchen reiterlichen Einstellung (in der statt der Arbeit am eigenen Können zu für das Pferd schädlichen Methoden und Ausrüstungsgegenständen gegriffen wird) wurde mir erst vollumfänglich bewusst, als ich während meiner Tätigkeit als Pferdeosteopathin und Akupunkteurin jeden Tag mit den Verletzungen, Schmerzen und Fehlern der Reiter und Besitzer konfrontiert wurde, die der vermeintlichen Faulheit, Frechheit oder Unrittigkeit des Pferdes zu Grunde lagen.
Und zwar bei den unterschiedlichsten Pferden, aus den unähnlichsten Bereichen der Reiterei, in den verschiedensten Ländern der Welt.

Aber eines hatten alle gemeinsam: es lässt sich ohne Übertreibung sagen, dass der größte Teil der Blockaden, Verletzungen, Erkrankungen und Schäden durch eine vollkommen übertriebene Einwirkung auf den Kopf des Pferdes entstanden war. Sei dies durch Zügel, Gebisse, gebisslose Zäumungen, Führketten oder ähnliches.

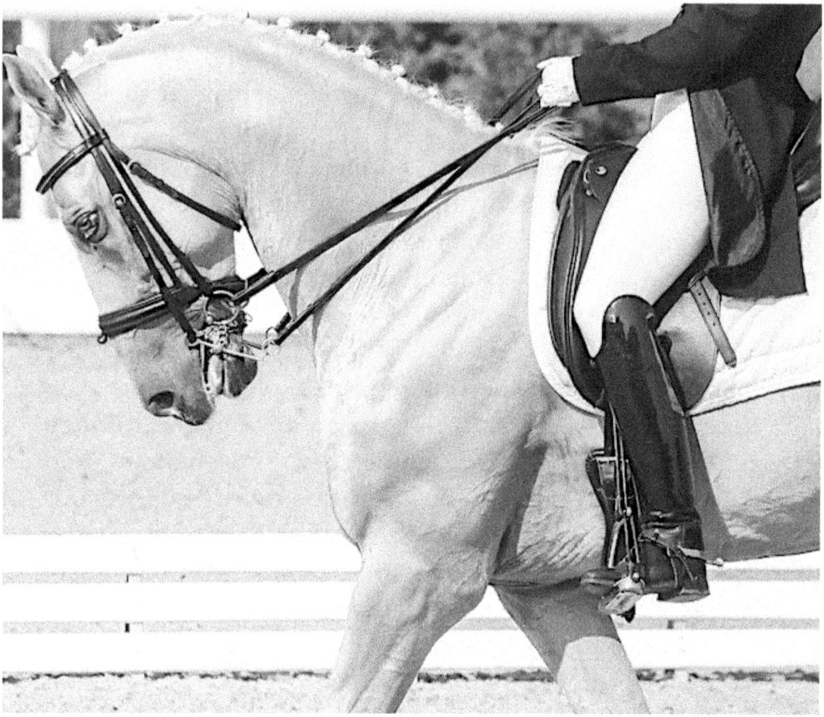

Abb.I: Einsatz der Kandare als Ersatz für Reitausbildung

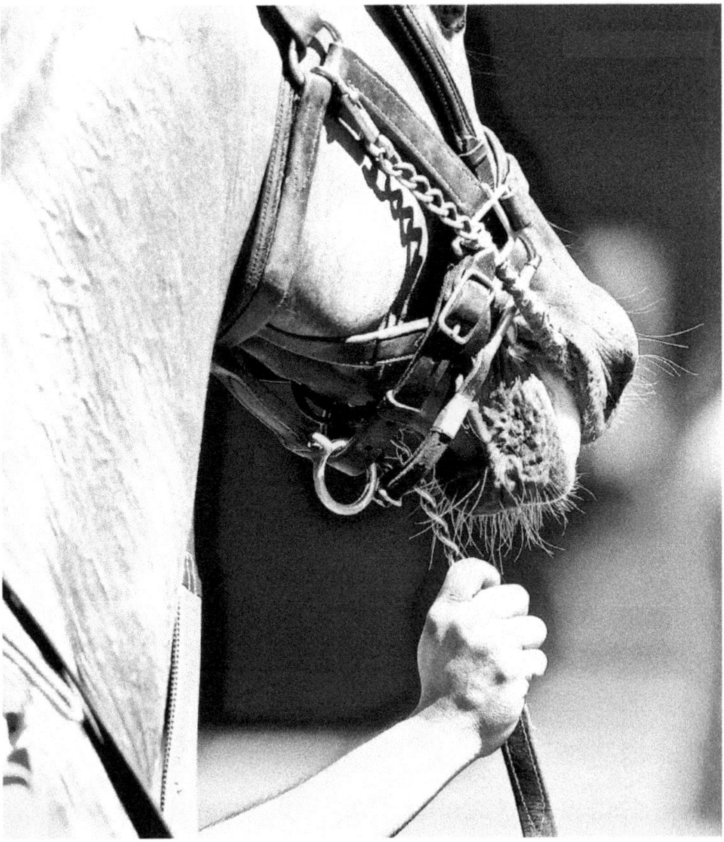

Abb.II: Führketten/Seile auf dem Zahnfleisch über den Schneidezähnen und auf den Unterkieferästen des Pferdes – Kontrolle durch Zufügen von Schmerz

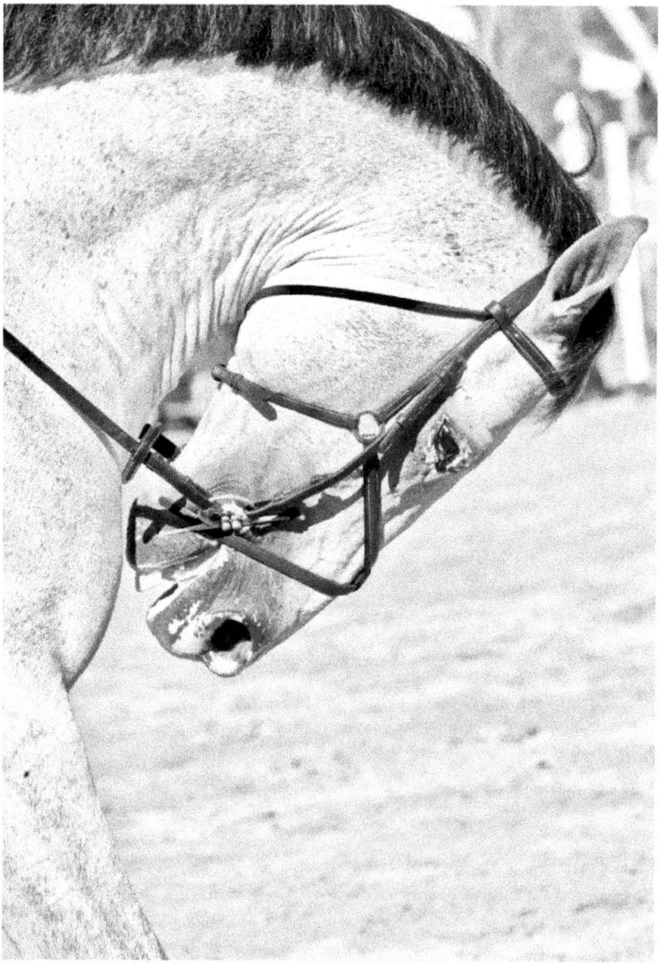

Abb.III: Drahtgebiss und Zwangshaltung „LDR“ / „Rollkur“

Mein Fazit aus dieser Beobachtung lautet daher:
Die unter Reitern und Pferdebesitzern offenbar extrem verbreitete Angst vor Kontrollverlust ist der häufigste Grund für Schmerzen und Schaden im Pferd.

Die Lösung: Alternativen aufzeigen. Verdeutlichen, dass es keine Kraft und das Zufügen von Schmerz braucht, um ein Pferd „kontrollieren" zu können. Reitern wieder das Reiten beibringen und sie nicht einfach mit entsprechender Zwangs-Ausrüstung und kurzer Bedienungsanleitung wie „die Maschine zu bedienen ist" auf ein Pferd setzen.

Ich sah während meiner Tätigkeit als Pferdeosteopathin Pferde, die von ihren Reitern als „steif, lässt sich nicht stellen" betitelt wurden, die von innen aufgerissene Maulwinkel hatten.
Pferde, die als fürchterlich schreckhaft und widersetzlich beschrieben wurden, die unter massiven Blockaden und Entzündungen im Bereich der Kopfgelenke und den entsprechenden Muskelverspannungen sowie den sehr wahrscheinlich daraus resultierenden migräneartigen Kopfschmerzen litten.
Ich sah als „schief" bezeichnete Pferde, die immer wieder „rund gemacht" und stundenlang longiert wurden bis ich sie untersuchen konnte und darauf hinwies, dass wohl ein Spat (eine degenerative, entzündliche Erkrankung der Sprunggelenke) für die „Schiefe" des Pferdes ursächlich war und die Röntgenbilder dies bestätigten.

Ich sah Pferde, die deutlich nicht angaloppieren wollten, die mit Peitschen und Sporen zum Galoppieren gezwungen wurden. Pferde, bei denen sich dann

Sehnenschäden, entzündete Gelenke oder heftige Blockierungen in Hals, Schulter oder Carpus als Grund für die Verweigerung des Galopps erwiesen.

Und immer, immer wieder sah ich Reiter, die ihre Pferde für ihre eigene Angst straften. Ein Ohr in Richtung des Reiters (nach hinten) zu drehen bedeutete für die Pferde, dass ihnen umgehend der Kopf zur Brust gezogen und gleichzeitig die Sporen in der Seite versenkt wurden.
Durchgehende Pferde wurden mit schmerzhaftesten Zäumungen getrenst, um sie anhalten zu können. - Pferde, die zwar keine körperlichen Einschränkungen aber dafür nie gelernt hatten, dem Reiter zu vertrauen und bei denen erst einmal in der absoluten Grundlagenarbeit ganz von vorne hätte begonnen werden müssen...

All diese Zustände waren ursprünglich durch Reiterfehler entstanden und wurden durch die Reaktion der Reiter darauf immer noch schlimmer. Diese Pferde wurden krank durch das mangelnde Wissen, Können und die Angst ihrer Reiter. Sie wurden krank, weil diese Reiter nicht verstanden hatten, dass Reiten nicht bedeutet, auf einem Pferd zu sitzen und dieses zu kontrollieren.
Weil sie nicht verstanden hatten, dass Reiten nur dann *nicht* auf Kosten des Pferdes geht, wenn man es so versteht, wie es gemeint ist: als freundschaftliche Zusammenarbeit mit dem Pferd und der dafür notwendigen, ständigen Kommunikation.

Eine ganze Zeit lang sah ich darüber hinweg, immerhin suchten diese Reiter und Pferdebesitzer nach der Ursache der Schwierigkeiten und holten mich zu diesem Zweck zur Diagnostik und Behandlung zu ihren Pferden. Sie schienen auch stets sehr bekümmert zu sein, wenn ich ihnen erläuterte welche körperlichen Einschränkungen oder Beschwerden sich hinter dem „nicht stellen und biegen lassen" oder der nicht funktionierenden Traversale, dem „nicht setzen wollen" oder der „Triebigkeit" verbargen.
Irgendwann erkannte ich jedoch, dass dieses Erläutern der Hintergründe oft nur wenige Tage Wirkung zeigte und ich stets von neuem das reparierte, was die Reiter und Pferdebesitzer durch falsches Reiten, die Anwendung schmerzhafter Ausrüstung, Grobheit oder ganz einfach aus Unwissenheit und ohne jede Absicht im Pferd verursachten.

Und das war der Punkt, an dem ich beschloss zu versuchen, ein Bewusstsein bei den Reitern zu erzeugen für das, was sie ihren Pferden mit dieser Art der Reiterei antun - und möglichst viele von ihnen zum Umdenken zu veranlassen.
Dieses Buch ist für mich ein weiterer sehr wichtiger Beitrag zu meinem Ziel:
Es ist möglich, die Kommunikation mit dem Pferd so zu verfeinern, dass man mit kleinsten Hilfen und ohne Zügel auskommt. Was nicht bedeutet, dass man die Zügel weglassen muss, man ist bloß nicht mehr auf sie angewiesen, als quasi alleiniges Kontrollinstrument des Reiters.

Es ist möglich, mit dem Pferd eine so verlässliche gegenseitige Verständigung zu schaffen, dass man tatsächlich nur mit Gedanken und den daraus automatisch im Körper entstehenden, kleinsten Hilfen zu kommunizieren in der Lage ist.

Sie brauchen dafür nicht auf einen Halsring umzusteigen, nicht einmal auf eine gebisslose (hebelfreie!) Zäumung - aber das Schöne ist, dass Sie es *könnten*.

Ich will damit nicht sagen, dass Sie nie wieder auf einem durchgehenden oder bockenden Pferd sitzen werden, natürlich werden Sie das. Und es wird auch immer wieder Situationen geben, in denen Sie mit einem Pferd *zunächst* anders umgehen müssen, um sich, das Pferd und Dritte nicht in Gefahr zu bringen.
Aber wenn es Ihnen mit Ihrem Pferd gelingt, sich das Gefühl zu erreiten was ich in diesem Buch zu vermitteln versuchen möchte, wird sich Ihre Sicht auf das Pferd und Ihre Reiterei grundsätzlich verändern.

Selbst reite ich nun seit über 30 Jahren mit den hier beschriebenen Übungen und der dafür erforderlichen innerlichen Einstellung und habe in dieser Zeit bei den unterschiedlichsten Pferden die erstaunlichste Wirkung und Wandlung erleben dürfen.
Es ist wirklich beeindruckend, wie vermeintlich nicht mehr am Bein reagierende Pferde, die seit Monaten oder gar Jahren mit Gebuffe und Gerteneinsatz durch die Reitbahnen genötigt wurden, plötzlich zuhören und mit leichtesten Hilfen anzugaloppieren oder in die Trabverstärkung zu reiten sind.

Wie hektische, immer eilige Pferde auf einmal loslassen, den Hals fallen lassen, abschnauben und sich mit abwechselnd nach vorne, hinten oder seitlich gerichteten Ohren auf den Reiter konzentrieren.
Wie panische, misshandelte Pferde wieder Vertrauen fassen und einen freudig begrüßen.
Wie eifrig alle Pferde mitarbeiten wollen und: wie viel Spaß Reiten plötzlich macht.

Es ist - wie bei allem in der Reiterei - Geduld und Zeit erforderlich und wirkliche, echte Konzentration auf die vermeintlichen Kleinigkeiten. Aber ich bin davon überzeugt, dass jeder Reiter und jedes Pferd von diesem Leitfaden profitieren und seine Zusammenarbeit mit Hilfe der hier erklärten Übungen verbessern kann.

In diesem Sinne wollen wir uns nun den Grundlagen der Verfeinerung unserer Kommunikation mit dem Pferd zuwenden und dafür mit dem Offensichtlichsten aber dennoch häufig viel zu wenig Beachteten beginnen: unserer tatsächlichen Interaktion mit dem Pferd.

2.Kapitel

Reiten galt ursprünglich nicht als Sport, sondern als Kunst und dieser Begriff beschreibt das Wesen der Reiterei deutlich besser.
Wir haben uns eben schon kurz damit befasst, dass es beim Reiten nicht um Kraft und Kontrolle geht, sondern eigentlich um Fokus, Gedanken und Kommunikation.
Da Pferde so groß und stark sind, fällt es vielen Menschen offenbar schwer sich vorzustellen, wie sensibel diese großen Pflanzenfresser sind.
Etliche Reiter glauben, sie müssten ihre Pferde mit scharfen Gebissen reiten, den Nasenriemen so fest wie irgend möglich schnallen, im Maul ziehen und Zwangsmaßnahmen wie LDR anwenden, um diese 600 Kilo geballte Kraft kontrollieren zu können.
Das ist ein fataler Irrtum. Ein Irrtum, der Pferden nachhaltigen psychischen und körperlichen Schaden zufügt und nicht selten tödlich für die Pferde endet.
Das darf einfach nicht passieren.

Versuchen Sie sich also folgendes vorzustellen:
Das Pferd ist ein hochsensibles Tier, das ununterbrochen alle noch so geringfügigen Gefühlsschwankungen in allen Lebewesen in seiner Umgebung auffängt, interpretiert und darauf reagiert.
Ja, auch auf die des Reiters.
Es ist ein Tier, das eine winzige Mücke irgendwo auf seinem riesigen Fell mit einem exakten Zucken des betreffenden Hautareals verjagen kann - weil so viele Rezeptoren und Nervenenden seine Haut durchziehen

und eine derart ausgeklügelte Reizleitung in seinem Körper herrscht.
Besagte Mücke ist so leicht, dass der Mensch sie auf seiner Haut gar nicht wahrnehmen würde, das Pferd jedoch kann sie nicht nur spüren, sondern exakt lokalisieren und mit einem gezielten Zucken verjagen.
Allein dieser vermeintlich unspektakuläre Umstand sollte jedem deutlich machen, dass es sich hier nicht um eine gefühllose Kampfmaschine handelt, sondern um ein hochsensibles Säugetier.
Eines der wenigen Säugetiere, das Schmerzen nicht in Lauten äußern kann.

Sie müssen sich als Reiter daher darüber bewusst sein, dass scharfe Ausrüstungsgegenstände, schmerzhafte Zäumungen, all die Knotenhalfter und Zackensporen, genau das im Pferd erzeugen, wofür sie erdacht wurden: Schmerzen.
Sie können Ihr Pferd deshalb am Knotenhalfter besser kontrollieren, weil es unangenehmer/schmerzhafter ist, als ein Stallhalfter.
Ihr Pferd reagiert auf den Sporenstich, weil dieser ihm Schmerzen zufügt.
Ihr Pferd geht mit dem scharfen Gebiss „leichter am Zügel“, weil selbiges in seine Zunge, sein Zahnfleisch und seine Unterkieferäste einschneidet und ihm damit erhebliche Schmerzen zufügt, denen es zu entkommen versucht, indem es den Kopf herunternimmt um dem Druck Ihrer Zügel zu entgehen.

Da es auch anders geht, hat jeder Reiter die Wahl. Und wer sich entscheidet, dennoch zu diesen Methoden und Ausrüstungsgegenständen zu greifen, muss sich

zumindest darüber bewusst sein, dass er seinem Pferd damit Schmerzen zufügt - und dass diese Gegenstände nur aus diesem Grund „funktionieren".
Viele Reiter haben diese Wahl aber wie bereits beschrieben gar nicht bewusst getroffen. Überall sieht man Reiter auf hochglanzpolierten Pferden sitzen, mit perfekter Ausrüstung - Sattel und Trense sind Maßanfertigungen und passen dem Pferd wirklich gut. Nur leider wird dann das scharfe Gebiss in die maßangepasste Trense geschnallt und der Nasenriemen zugeschnürt und im Maul geriegelt und damit nützt die ganze teure, optimal angepasste Ausrüstung leider überhaupt nichts mehr.
Diese Reiter lieben ihre Pferde, da bin ich mir absolut sicher. Nach dem Training wird ausführlich geduscht und betüdelt, es wird wirklich alles getan damit es dem Pferd gut geht. Was tragischer Weise dennoch nicht der Fall sein wird, so lange sich der Reitstil und die Ausrüstung nicht ändert.

Ich habe solchen Reitern schon einige Male die teuren Zügel der Maßtrense aus den Gebissringen der scharfen Zäumung ins Lederstallhalfter geschnallt, sie zurück auf ihr Pferd gesetzt und ihnen erklärt wie wenig sie zu tun brauchen, um sich ganz einfach und leicht mit ihrem Pferd verständigen zu können.
Jedes Mal erschien nach kürzester Zeit ein glückseliges Leuchten auf den Gesichtern und die Reiter konnten nicht aufhören ihre Verwunderung darüber auszudrücken, wie einfach „reiten" plötzlich sei.
Sie hatten es nicht anders gelernt und daher nicht verstanden, mit was für einem außergewöhnlich sensiblen Tier sie es zu tun haben.

Wie gesagt: die Größe täuscht.
In Wahrheit geht es beim Reiten nämlich um kleinste Kleinigkeiten. Ein hauchkleines Bisschen mehr an Spannung in einem Oberschenkel, eine Wade, die nur einen Zentimeter weiter hinten liegt, eine verdrehte Schulter – all das sendet sofort ein anderes Signal an das Pferd und erzeugt daher eine andere Reaktion. Genau deshalb ist die absolute Konzentration und Körperbeherrschung des Reiters, ebenso wie die Fähigkeit sich zu fokussieren und seine Gedanken zu kontrollieren, eine der wichtigsten Grundvoraussetzungen für feines Reiten.
Was es übrigens früher war.

Die ersten Menschen die das Pferd zum Reiten und Fahren nutzten waren Soldaten und Bauern.
Sowohl im Krieg als auch bei der Arbeit auf dem Feld waren die Menschen darauf angewiesen, mit ihren Pferden auf die unaufwendigst mögliche Art und Weise zu kommunizieren und ihnen zu hundert Prozent vertrauen zu können.

Der Bauer auf dem Feld hatte zu viel anderes zu tun, als dass er seine Pferde mit Kraft und Aufwand hätte manövrieren können: Er musste den Pflug in den Boden drücken oder das Heu aufladen oder die Kartoffeln in die Ackerfurche werfen und war darauf angewiesen, dass seine Pferde sofort auf seine Stimmkommandos und Gesten reagierten, also stehenblieben, antraten oder wendeten.

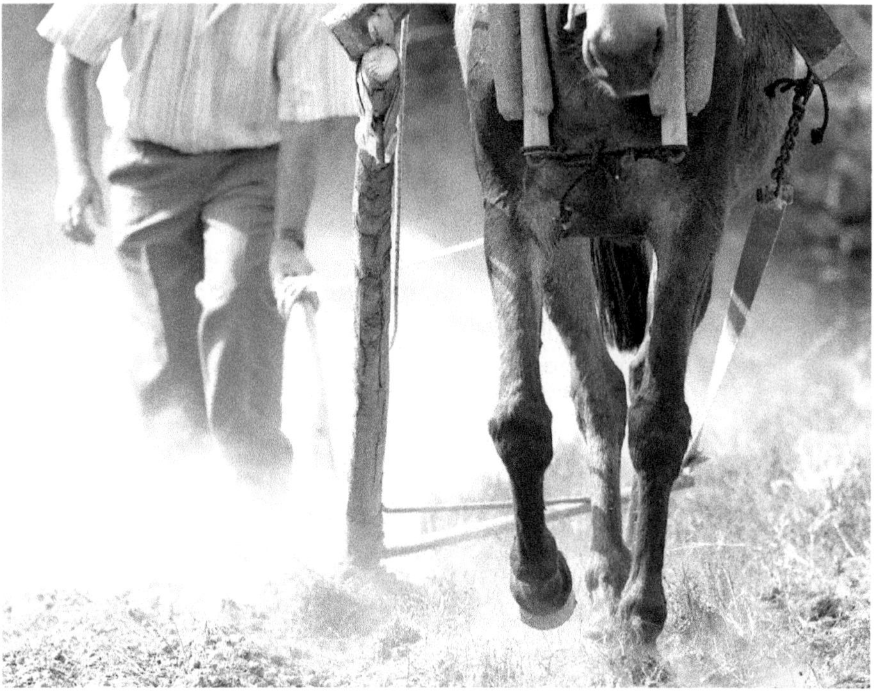

Abb.IV: Keine Hand frei für Kontrolle über das Maul – Arbeit mit dem Pferd statt gegen das Pferd

Genauso war es für den Soldaten dessen eigentliche Aufgabe nicht das Reiten, sondern das Kämpfen war für das er mindestens eine Hand frei haben musste und für den eine perfekte Kommunikation mit seinem Pferd über Leben und Tod entscheiden konnte.
Ein Soldat der in der Schlacht sein Pferd für jede Wendung mit Kraft herumreißen hätte müssen oder ihm zum angaloppieren erst einmal die Sporen in die Seiten stechen, hätte wohl nicht besonders lange überlebt.
Die Abstimmung mit dem Pferd musste daher so fein, schnell und selbstverständlich wie möglich sein.

Damit das im Ernstfall gelang, beanspruchte die Ausbildung des Pferdes und des Reiters den weitaus größten Teil der Zeit. Viele Jahre durchdacht und sorgfältig aufeinander aufgebauter Übungen waren die Grundausbildung für jeden angehenden Reiter und jedes Pferd.
Das Ziel war die bestmögliche körperliche Gesundheit und die feinst mögliche Verständigung sowie hundertprozentiges Vertrauen zwischen beiden - und dass dies nur durch außerordentliche Geschicklichkeit und Selbstbeherrschung des Reiters erreicht werden kann, war völlig selbstverständlich.
Daher wurde während all diesen Jahren der Ausbildung vor allem der Reiter gedrillt und nicht das Pferd.
Wenn Sie sich einmal ansehen, was früher bereits in der Grundausbildung für extrem anspruchsvolle Übungen von den Reitern verlangt wurden, dann wundern Sie sich nicht mehr darüber, dass es bei den heutigen Reitern überall an Unerschrockenheit, Gleichgewicht und Geschick mangelt.

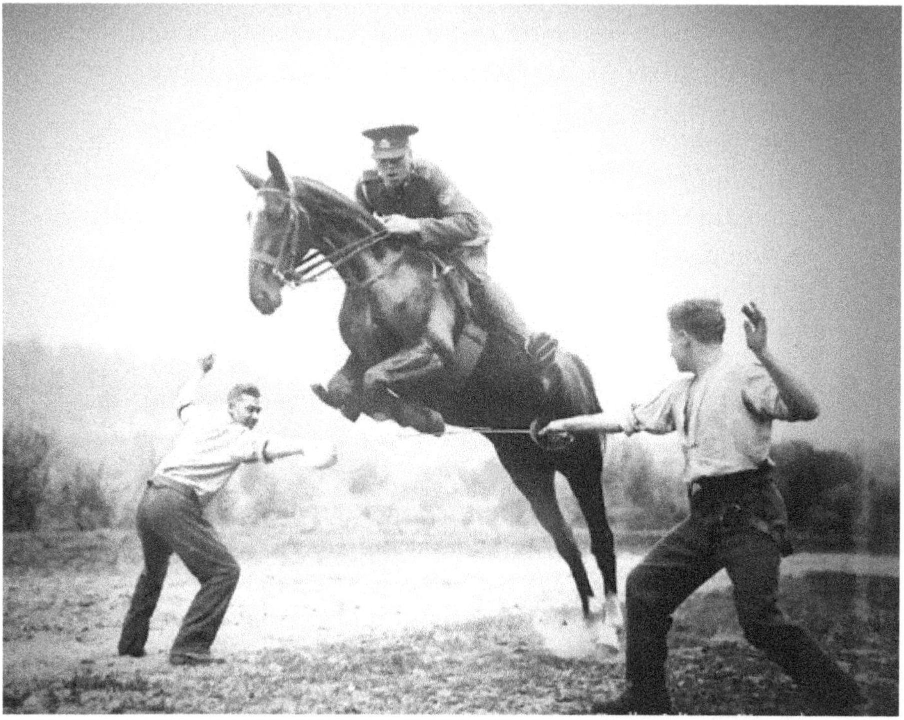

Abb.V: Volles Vertrauen auf beiden Seiten – das Pferd als Kamerad

Auf dem blanken Pferd stehen (in freier Wildbahn, ohne jedes Zaumzeug, Halfter oder ähnliches), ohne Hilfsmittel auf das Pferd aufspringen, das Pferd apportieren lassen, das Pferd ohne Halfter o.ä. frei folgen lassen (in freier Wildbahn), das Pferd ablegen, Flüsse durchreiten, steile Hänge im Galopp hinauf und – noch viel schwieriger – hinunter reiten, ohne Sattel und Zügel springen sind nur eine winzige Auswahl der vielfältigen Ausbildung, die Reiter und Pferd zusammen durchliefen.

Sowohl für den Soldaten als auch für den Bauern war es also fundamental wichtig, mit dem Pferd auf feinste Art zu kommunizieren und vollstes Vertrauen zu ihm haben zu können und es ist kein Zufall, dass ausgerechnet das Pferd für diese Aufgaben ausgewählt wurde:
Zum einen natürlich wegen seiner Größe und Kraft, wegen seines freundlichen Wesens und seines Bestrebens alles richtig zu machen.
Vor allem aber eben genau wegen der gerade besprochenen besonderen Sensibilität, durch welche eine solch feine Verständigung überhaupt nur möglich ist. Ein so großes, starkes (Flucht-) Tier alleine durch Gedanken und minimale Änderungen in der eigenen Körperspannung sofort zu den gewünschten Reaktionen veranlassen zu können ist einmalig - und wäre mit einem Ochsen, einem Esel oder gar dem wehrhaften Zebra niemals in dieser Perfektion möglich.

Der heute vielerorts herrschende Glaube, ein Pferd zu kontrollieren sei gleichbedeutend mit Reiten, ist daher ein Fehler und dieses grobe „Bedienen“ (als säße man auf einem leblosen Sportgerät) ausgerechnet dieses so

überaus sensiblen Tieres, hat gravierende Folgen für das Pferdewohl.
Dieselbe außergewöhnliche Sensibilität welche die feine Verständigung ermöglicht, hat nämlich zur Folge, dass es ein Leichtes ist einem Pferd nachhaltig zu schaden.
Und genau das passiert bei der heute so verbreiteten Art der groben Reiterei:
Jeden Tag nehmen Pferde körperlichen und seelischen Schaden, weil Reiter „bedienen und kontrollieren" mit Reiten verwechseln.
Bis heute unterrichten etliche Reitlehrer ihre Schüler unter der Annahme, dass die mechanisch und mit Grobheit erreichte Kontrolle über das Pferd gleichbedeutend mit gutem Reiten sei, und all diese Schüler gehen naturgemäß davon aus, dass dies der richtige Weg ist. Das ist es nicht.

Lassen Sie uns zu Verdeutlichung auf zwei völlig unterschiedliche Beispiele schauen, die ich beide so erlebt habe, die aber in ähnlicher Form jeden Tag überall in etlichen Ländern der Welt passieren und die eines gemeinsam haben:
Es handelt sich in beiden Fällen nicht um pferdegerechtes Training.
In beiden Fällen hat das Training keinen Nutzen für die Kräftigung, Gymnastizierung und Gesunderhaltung des Pferdes und in beiden Fällen funktioniert die Kommunikation des Reiters mit dem Pferd nicht.

Beispiel I:

Eine Reithalle. Kaltes Neonlicht scheint auf den braunen Boden, auf dem unzählige Pferdehufe ihre Spuren hinterlassen haben. Eine Reiterin führt ein Pferd in die Bahn. Es ist einbandagiert und mit Glanzspray eingesprüht, am Stirnband seiner Kandare glitzern kleine Steinchen, der Nasenriemen, unter dem sich die gestaute Haut hervorwölbt, glänzt in schwarzem Lack - passend zu den blitzsauberen Stiefeln der Reiterin an denen lange Sporen funkeln, die ebenfalls mit Glitzersteinchen besetzt sind. Die blitzsaubere Reithose mit Klebebesatz hat die gleiche Farbe wie Schabracke, Bandagen und Decke des Pferdes und auch die Jacke der Reiterin passt perfekt zum Outfit.
In der einen Hand hält sie ihr Handy, auf dem sie lautstark telefoniert und sich offenbar über irgendjemanden auslässt. Mit der anderen Hand - in der sie auch den Zügel hält -gestikuliert sie wild und verärgert in der Luft herum, um ihren Worten mehr Ausdruck zu verleihen und bemerkt nicht, wie sie dem Pferd dabei immer wieder im Maul herumreißt und wie es immer wieder zurückscheut, um sich und seinen Kopf vor den hektischen, wütenden Gesten seiner Reiterin in Sicherheit zu bringen.
Sie führt das Pferd zu einem Aufstieg und ruckt ungeduldig und hart am Zügel als es, am Aufstieg angekommen, nicht sofort stillsteht. Immer noch telefonierend steigt sie auf und reitet im Schritt um die Bahn. Sie gestikuliert und spricht laut und aufgebracht ins Telefon und dann lacht sie über etwas das ihr Gegenüber gesagt hat, nur um kurz darauf wieder in den genervten Tonfall zurückzufallen.

Geistesabwesend treibt sie das Pferd zwischendurch mit den Sporen dazu an, schneller zu gehen.
Nach fünf Minuten ist sie fertig mit ihrem Telefonat, schreibt noch ein paar Whatsapps und zieht, während sie noch einen Emoji anklickt, (Smileyface mit rausgestreckter Zunge) heftig und anhaltend an Kandaren- und Trensenzügel, um das Pferd an der Bande zum Stehen zu bringen. Immer noch auf ihr Telefon fixiert greift sie mit der anderen Hand nach der Decke und legt diese über die Bande, wodurch das glänzende, geschorene Fell des Pferdes zum Vorschein kommt. In den beiden beim Scheren ausgesparten Rechtecken rechts und links am Bauch auf Höhe der Sporen der Reiterin kann man erahnen, wie sein Winterfell aussehen würde.
Die Reiterin steckt ihr Handy seufzend in die Jackentasche und hängt nun auch ihre Jacke über die Tür.
Dann nimmt sie beide Zügel auf, so dass das Pferd die Nase der Brust annähert und spricht gleichzeitig zum ersten Mal mit ihm. „Dann wollen wir mal", sagt sie und trabt an. Das Pferd läuft mit aufwendigen Bewegungen, die Reiterin treibt bei jedem Trabtritt nach.
Jedes Mal, wenn sie den Spiegel passieren zieht die Reiterin mehrfach kurz abwechselnd rechts und links an den Zügeln. Nicht, weil das Pferd seine Haltung verändert hätte, einfach nur weil sie am Spiegel vorbeireitet. Ganz automatisch, als sei das irgendwie miteinander gekoppelt.
So reitet sie nun Zirkel und ganze Bahn und Schlangenlinien, dann das Ganze im Galopp und schließlich fliegende Wechsel und Traversalen, bei denen sich ihre Sporen noch etwas tiefer in den

Rechtecken aus Fell versenken. Unterbrochen wird das nur durch ein kurzes Stehenbleiben an der Bande, weil die Reiterin ihr Telefon aus der Jacke holt, um zu sehen ob ihr jemand geantwortet hat. Sie tippt einen LOL Smiley ein, nimmt die Zügel wieder kurz und trabt wieder an.

Nach einer halben Stunde Trab und Galopp pariert sie durch zum Schritt, wirft die Decke über das Pferd, zieht ihre Jacke an und fängt sofort wieder an zu telefonieren. Schließlich steigt sie ab und führt das Pferd zur Hallentür wo sie sich das Telefon zwischen Ohr und Schulter klemmt und dem Pferd flüchtig die Hufe auskratzt.

Das Pferd gibt die Füße von selbst, schüttelt mehrfach und lange seinen Hals und Kopf und kaut dabei hektisch auf den Gebissen in seinem Maul, um die ganze Anspannung und den Stress loszuwerden, der sich durch dieses „Training“ in ihm aufgebaut hat.

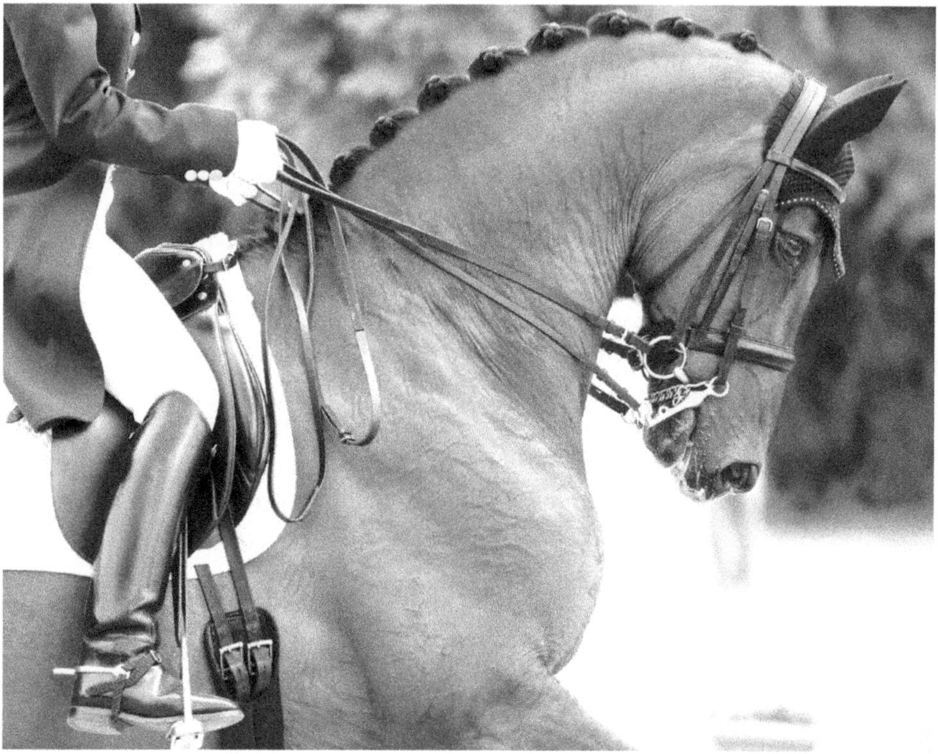

Abb.VI: Beispielbild, der Strass an der Fliegenhaube ist kein Ersatz für gutes Reiten. Hier wird mit Kraft und unsachgemäßem Einsatz der Kandare „Kontrolle“ ausgeübt aber nicht kommuniziert

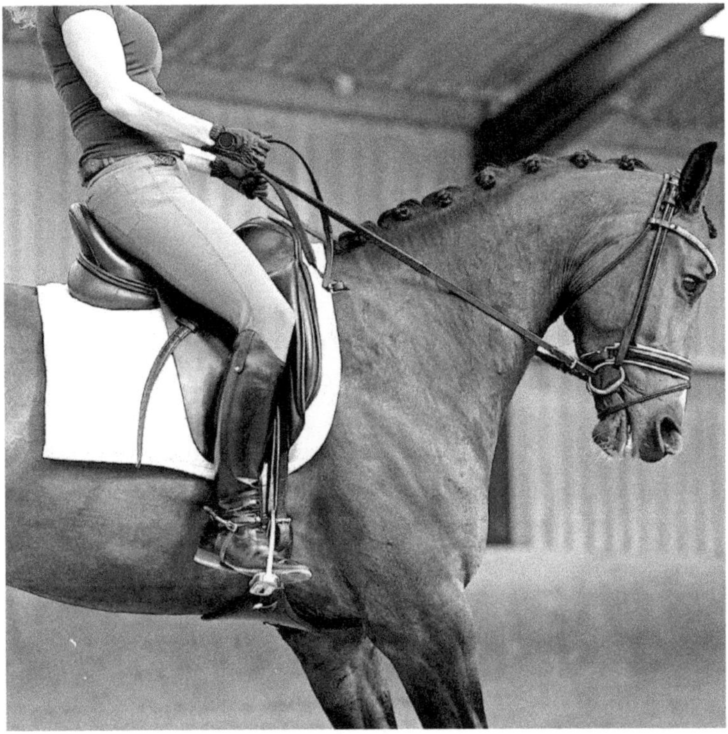

Abb.VII: Beispielbild, vorne ziehen hinten stechen: für das Pferd nicht nachvollziehbare Signale des Reiters und Auslöser von Stress

Beispiel II:

Ein Außenplatz. Auf dem tiefen Sandboden liegen Plastikwürste, Stangen und Planen verteilt. Eine Reiterin führt ihr für ihre eigene Körpergröße bemerkenswert kleines Pferd in die Bahn. Es ist mit einem Westernsattel und einem dünnen Knotenhalfter aus Nylonschnüren versehen, an dessen Unterseite mit einem Karabiner ein dicker Strick befestigt ist. An diesem führt die Reiterin das Pferd durch die Plastikwürste, wobei sie permanent auf es einredet. „Nein, nicht da lang, hier durch. Super gemacht! Ganz toll mein Großer!"
Dann führt sie das Pferd in engen Wendungen über die Stangen und bemerkt nicht wie das Pferd darüber stolpert, weil es so dicht vor sich nichts sehen kann.

In der Mitte der Bahn bleibt sie stehen, hebt eine lange Gerte vom Boden auf und führt sie, ununterbrochen mit dem weit ausgestreckten Arm wedelnd, waagerecht in Richtung des Pferdes. Das Pferd weicht aus.
„Nein, nicht um mich rumlaufen, seitwärts du Dummi!", ruft die Reiterin und wedelt noch hektischer mit der Gerte.
Das Pferd versteht nicht, was die Reiterin von ihm will, es gähnt mehrfach, nickt ein paarmal hintereinander schnell mit dem Kopf und klappert mit der Lippe, um den Stress abzubauen der sich langsam in ihm anstaut, während es einige Volten um sie herumläuft, um der Gerte auszuweichen.
Die Reiterin lobt und redet ununterbrochen, nimmt die Gerte in die andere Hand und wedelt nun in die andere

Richtung. „Seitwärts über die Stangen, genauso. Suuuuuper machst du das!“
Das Pferd läuft zwischen den Stangen hindurch (nicht seitwärts über die Stangen hinweg, wie offenbar eigentlich gewünscht) noch zwei weitere Volten um sie herum. „Siehst du, das klappt doch schon richtig toll! Klasse gemacht, mein Großer!“

Sie klopft und lobt ihr Pferd ausführlich, schnallt den dicken Strick nun seitlich in die dünne Nylonschnur, die den Nasenriemen bildet und einen zweiten auf die anderen Seite und führt es dann zu einem Block von dem aus sie ihren großen Körper mit einer Bewegung die nicht auf übermäßige körperliche Fitness hindeutet auf das kleine Pferd hievt. Oben angekommen klopft und lobt sie das Pferd wieder überschwänglich und reitet an. Im Schritt schlurfen sie durch den tiefen Sand, über die Stangen und zwischen den Plastikwürsten hindurch. Schließlich trabt die Reiterin an wozu sie mehrfach gleichzeitig mit beiden Beinen an den Pferdebauch bufft und schließlich einen kleinen Klaps mit der Gerte folgen lässt.
Das kleine Pferd müht sich mit nach oben gestrecktem Kopf und weggedrücktem Rücken in flachest möglichem Trab durch den Sand.
Nach einer halben Stunde (Schritt und etwas Trab) steigt die Reiterin ab, lobt ihr Pferd wieder überschwänglich und führt es dann zum Anbindebalken, wo es mit langem geraden Hals unbeweglich stehen bleibt, als täte ihm alles weh.
Anbinden ist nicht notwendig, da das Pferd sich von alleine keinen Meter weit bewegt.

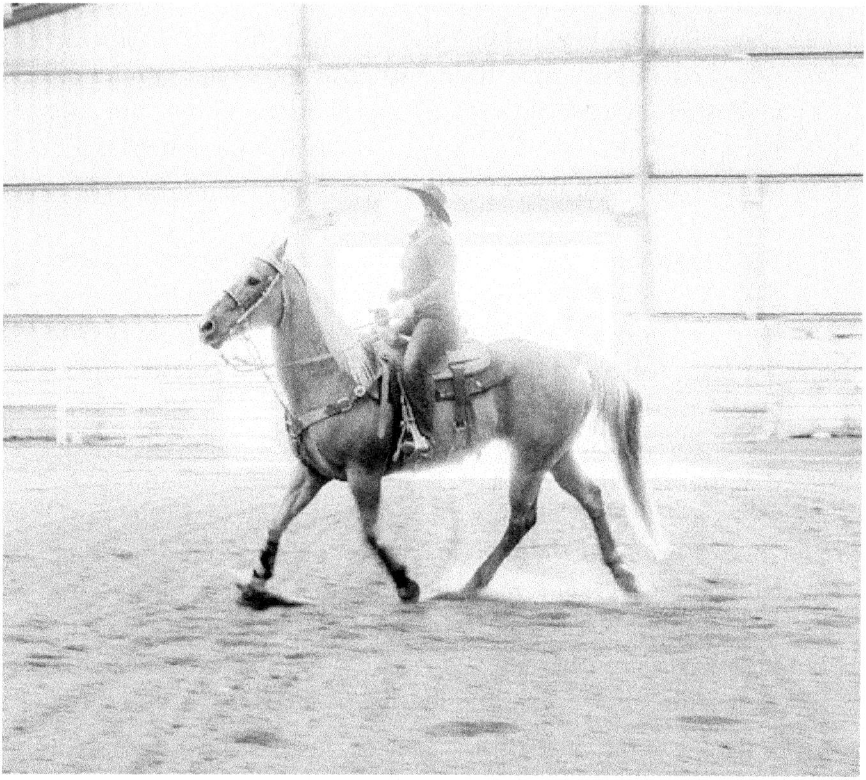

Abb.VIII: Beispielbild, weggedrückter Rücken, zu schwerer Reiter, Schaden für das Pferd ist unausweichlich wenn auch nicht beabsichtigt

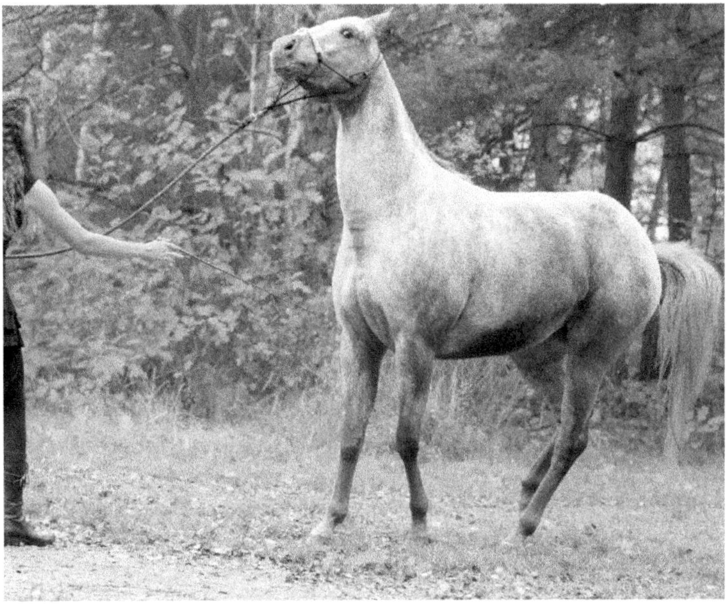

Abb.IX: Beispielbild, Gerte und gleichzeitig schmerzhafte Einwirkung des Knotenhalfters – widersprüchliche Signale sind für das Pferd Auslöser von Stress

Die Reiterin beginnt, ihm mit lang ausgestreckten Armen die Hufe auszukratzen, denn sie steht so weit entfernt vom Pferd wie nur eben möglich. Als das Pferd beim Hufe geben ein Hinterbein ein Bisschen höher zieht, lässt sie den Huf sofort los, springt zurück und haut dem Pferd auf die Kruppe.
„Ich habe dir gesagt du sollst nicht treten!" ruft sie schrill. Den zweiten Hinterhuf hebt sie gar nicht mehr auf und gibt dem Pferd stattdessen eine Schale Äpfel.
Das Pferd hat inzwischen aufgegeben verstehen zu wollen was mit seiner Reiterin los ist und beginnt die Äpfel zu fressen - was seine bereits chronische Magenschleimhautentzündung in erheblichem Maße verschlimmert.

Zwei völlig unterschiedliche Situationen, zwei völlig unterschiedliche Reiterinnen, zwei völlig unterschiedliche Pferde, zwei Gemeinsamkeiten:

1. Die Interaktion des Reiters mit dem Pferd war für das Pferd missverständlich und verwirrend.

2. Beide Reiterinnen haben ihren Pferden Schaden zugefügt, obwohl sie das sicher nicht beabsichtigt hatten.

Die erste von ihnen hat ihr Pferd von Beginn an in erhöhte Anspannung und Stress versetzt, ihm den Eindruck drohender Gefahr vermittelt. Nur durch das wütende Telefonieren, das wilde Gestikulieren und das dabei im Maul rucken.
Das Pferd kann nicht unterscheiden, ob jemand in ein Telefon spricht, es registriert nur den Tonfall und die

Stimmung. Beides war in diesem Fall unfreundlich und daher für das Pferd bedrohlich.

Pferde sind in der Lage, jede Stimmung (und besonders jedes Anzeichen von Anspannung) in anderen Lebewesen wahrzunehmen, um so schnell wie möglich bereit zur Flucht zu sein - ein solcher Reiter ist also für das Pferd grundsätzlich erst einmal ein Hinweis auf eine Bedrohung und versetzt es in Anspannung und Stress. Die schmerzhaften, für das Pferd mit nichts in Verbindung stehenden Rucke im Maul, verstärkten die Wahrnehmung des Pferdes, dass es sich in Gefahr befindet.

- Diese erhöhte Anspannung ist übrigens das, was sich etliche Turnierreiter, Weltmeister und Olympiasieger auf internationalem Niveau zunutze machen, um spektakulärere Spannungstritte zu erzeugen oder den Fluchtinstinkt für das Überwinden eines S Parcours missbrauchen, weil es den Pferden in Wahrheit an der dafür nötigen Athletik und Kraft fehlt. Der Instinkt, der das Überleben des Pferdes sichern soll, macht es möglich und führt damit oft zu einem verfrühten Ableben des völlig verschlissenen „Athleten“… -

Bei unserer Reiterin im Beispiel beschränkte sich die Interaktion mit dem Pferd also auf ein reines Gehorchen und Funktionieren des Pferdes, die Kommunikation bestand im Wesentlichen aus grober Einwirkung mit Kandare und Sporen. (Bereits der Fakt, dass die Reiterin das Fell an den Stellen stehengelassen hat, an

denen ihre Sporen sitzen, ist ein klarer Hinweis auf einen Einsatz derselben, der mit der klassischen Reiterei nicht in Einklang zu bringen ist.)
Durch das ständige schmerzhafte Stechen in seinem Bauch, den eng zur Brust gezogenen Hals, den festgezurrten Nasenriemen und die durch beides bedingte Luftnot und extreme Spannung in Kopf, Hals und Rücken, wurde der Stress im Pferd noch weiter verstärkt. Einmal ganz abgesehen von den Blockaden in Zungenbein, Genick, Halswirbelsäule, Schulter und Widerrist, die die Reiterin bereits durch ein einmaliges „Training" in das Pferd hineingeritten hat.
Das extreme Schütteln und hektische Kauen auf den Gebissen nach dem Reiten zeigt, wie das Pferd nach Wegen sucht, die durch diese extreme Fehlhaltung erzeugte Spannung wieder abzubauen.

Dieses Pferd verbindet Reiten ganz sicher nicht mit etwas Positivem, sondern mit Schmerzen und Zwang. Es hat resigniert und widersetzt sich nicht mehr, weil es gelernt hat, dass ihm dann noch mehr Schmerzen zugefügt werden. Es versucht einfach nur noch, die „Arbeit" zu überstehen.

Würde man die Reiterin fragen, warum sie ihr Pferd so behandelt und reitet, würde sie sagen, sie habe 6 Pferde am Tag zu reiten und keine Zeit mit jedem stundenlang rumzupüschern, es ginge schließlich um das Trainieren der Lektionen und genau das habe sie gemacht.

Würde man das Pferd fragen, was es sich wünscht, würde es wahrscheinlich sagen: eine Reiterin die freundlich zu mir ist. Ich habe ihr gar nichts getan, aber sie schreit mich immer nur an, ist grob und tut mir weh – dabei würde ich so viel lieber auf eine freundliche Ansprache (leichte Hilfe) antworten und auch viel lieber mitarbeiten…

Und sollte das nicht wirklich jeder nachvollziehen können? Wenn jemand unfreundlich zu Ihnen ist, Sie anschreit oder Ihnen sogar Schmerzen zufügt, sprechen Sie dann gerne mit demjenigen? Wie fühlen Sie sich, wenn Sie von jemandem grob behandelt und angeschrien werden? Bekommen Sie Angst? Oder werden Sie wütend und wehren sich?
Wenn es Ihr Chef oder Kollege ist, der Sie immer so anbrüllt, gehen Sie dann gerne zur Arbeit? Würden Sie einen solchen Menschen als Freund bezeichnen?
Wohl kaum.

Das meinte ich, als ich eingangs schrieb, Freundschaft zum Pferd sei erst einmal die Grundvoraussetzung. Denn einen Freund behandelt man nicht ungerecht, man schreit ihn nicht an und schon gar nicht fügt man ihm Schmerzen zu.

Die andere Reiterin war für das Pferd ein absolutes Rätsel. Es hat zu keinem Zeitpunkt verstanden, was sie von ihm wollte und hatte dazu auch gar keine Chance. Die widersprüchlichen Signale, das ständige Reden, das permanente Loben, egal was das Pferd gerade machte, sowie das Strafen für etwas, das die Reiterin gewünscht hatte (Huf anheben) verunsicherte das Pferd verständlicherweise zutiefst.
Es konnte überhaupt nicht abschätzen, wann es etwas richtig machte und wann nicht und als es dachte, es hätte

das Signal seiner Reiterin richtig verstanden und den Huf hob, wurde es dafür gestraft und gleich darauf mit einer Schale Äpfel belohnt.
Viel verwirrender kann es nicht werden.

Die Reiterin war außerdem zu groß und zu schwer für das Pferd, was besonders deshalb erwähnenswert ist, weil sie es nicht so gymnastiziert und reitet, dass es die Muskulatur aufbauen kann, die ein schadloses Tragen der Reiterin eventuell ermöglichen könnten.
Auch dieses Pferd wird das Training eher als etwas unangenehmes abspeichern, weniger als großen Spaß.

Würde man die zweite Reiterin fragen, warum sie sich nicht einen guten Reitlehrer nimmt, der ihr und ihrem Pferd hilft gesunderhaltend und mit Freude zu trainieren, würde sie sagen, das brauche sie nicht, sie reite schließlich nur zum Spaß und verlange ja nichts dolles von ihrem Pferd.
Nun, das mag sein, aber schaden tut sie ihrem Pferd dennoch.

Würde man dieses Pferd fragen, was es sich wünscht, so würde es wahrscheinlich sagen:
„Eine verständliche Kommunikation. Ich weiß gar nicht, was sie von mir will, ich versuche mein möglichstes alles richtig zu machen, aber ich weiß einfach nicht was das sein soll… Ich dachte wirklich ich hätte das mit dem Hufe geben richtig verstanden und dann haut sie mich doch wieder. Und ich wünschte ich hätte mehr Muskeln, um die Reiterin tragen zu können ohne immerzu Rückenschmerzen zu haben. Oder, wenn das nicht zu viel verlangt ist - vielleicht gleich einen

kleineren/leichteren Reiter? Sie ist wirklich sehr schwer und sehr groß und ich muss sie ständig mit ausbalancieren, um nicht umzufallen…

Auch das sollte jeder nachvollziehen können. Wenn wir einmal bei dem Beispiel des Chefs bleiben, so können Sie sich vorstellen Sie hätten einen Chef, der Ihnen tausend Aufgaben gibt ohne zu sagen was die Aufgabe ist. Der sie in einem Moment für etwas lobt, wo Sie einfach irgendetwas gemacht haben von dem Sie annahmen, es könnte die Aufgabe sein, und der Sie im nächsten Moment anschreit und eine Kaffeetasse nach Ihnen wirft – obwohl Sie sich absolut sicher waren, dass Sie die Aufgabe dieses Mal richtig verstanden und ausgeführt hatten.

Wie gerne würden Sie unter diesem Chef zur Arbeit gehen? Und wie lange würden Sie das aushalten? Zwei Tage? Eine Woche? In der Hoffnung, dass er sich schon noch deutlicher ausdrücken wird?

Kein Wunder, dass auch dieses Pferd Magengeschwüre entwickelt.
Und dann wird es ausgerechnet mit dem für Magenschmerzen ungünstigsten Leckerli (Äpfeln) belohnt, seine „Belohnung“ verstärkte also seine Magenschmerzen und war daher gleichzeitig eine Strafe – ganz egal wie nett es von der Besitzerin gemeint gewesen war…

Was übrigens auch noch einmal unterstreicht, warum „Freizeitpferde“, die „nichts leisten müssen“ und im Offenstall gehalten werden, genauso oft unter menschengemachten Krankheiten und Schmerzen leiden, wie „Sportpferde".

Sie können kündigen, wenn Sie so einen Chef haben. Aber die Pferde haben keine Wahl. Sie können sich nicht einfach einen anderen Job suchen. Sie können nicht einmal jaulen oder aufschreien und damit zumindest auf ihre Schmerzen hinweisen. Sie können nur versuchen, zu kommunizieren und sich verständlich zu machen. Und das tun sie teilweise in so verzweifelter Art und Weise, dass es mir das Herz bricht.

Genau darin besteht die riesige Verantwortung, die jeder Reiter und Pferdebesitzer hat und die so viele einfach nicht wahrhaben wollen:
Es ist die Pflicht eines jeden Reiters und Pferdebesitzers, sich soviel Wissen über das Pferd und so grundlegende Fähigkeiten anzueignen, dass er sein Pferd so behandeln, halten und reiten kann, dass er ihm dabei zumindest keinen Schaden und kein Unrecht zufügt.

3. Kapitel

Reiten sollte also feine Kommunikation und Zusammenarbeit mit dem Pferd bedeuten und nicht das Unterwerfen oder Beherrschen desselben. Die Nutzung des Begriffes „reiten“ für andere Tätigkeiten (vor allem im Englischen), wie das „reiten eines Motorades“, hat dieses Missverständnis vom Pferd als Maschine mit Bedienungsanleitung in vielen Köpfen leider vertieft.

Daher hier **die allererste Grundregel**:

Reiten ist eine Kunst, die, wenn das Pferd dabei keinen Schaden nehmen soll, nur im Einklang und in (freiwilliger) Zusammenarbeit mit einem hochsensiblen Lebewesen erfolgen kann.

Die erste Voraussetzung für gutes Reiten ist daher wenig überraschender Weise, sich umfassendes Wissen über das Wesen, den Körper und die Besonderheiten eben dieses Tieres anzueignen.
Darüber hinaus verlangt Reiten dem Reiter höchste Körperbeherrschung und Konzentration ab, da das Pferd jede noch so kleine, für den Reiter vermeintlich unwichtige, Veränderung wahrnimmt und darauf reagiert.

Reiten ist eine Kunst, die sofort zu Lasten des Pferdes geht, wenn dem Reiter das dafür notwendige Wissen fehlt, es ihm an Körperbeherrschung und Fitness mangelt oder er die für diese Zusammenarbeit nötigen Grundregeln und Techniken nicht gelernt oder verstanden hat.

Dieses Buch sowie die darin aufgeführten praktischen Übungen sind also darauf ausgerichtet, genau das zu erreichen: Die Aufmerksamkeit und den Fokus des Reiters zu schulen sowie die Verbindung und die Kommunikation mit dem Pferd zu verfeinern.

Was uns zu der **zweiten Grundregel** bringt:

Die Fehler macht immer der Reiter. Das Pferd reagiert lediglich darauf was der Reiter denkt, fühlt oder tut.

Es ist daher in meinen Augen ganz entscheidend für den Erfolg, dem Reiter Bilder zu vermitteln mit denen er wirklich etwas anfangen kann.
Sie werden in diesem Buch daher nicht lesen:

„Stellen Sie Ihr Pferd an den Zügel und reiten Sie eine Volte".
Denn das ist das, was ich eine „leere Anweisung" nenne. Eine Phrase ohne weitere Erklärung, die den Reiter kein Stück weiterbringt und, wenn er noch nicht gelernt hat worauf es dabei ankommt, auch die tollste Übung nutzlos macht oder sogar ins Gegenteil verkehrt.
Diese leeren Anweisungen, also Kommandos wie: „Knie zu!", „Absatz tief!" oder „Stell den mal tiefer ein!", sind leider nicht nur ungeeignet, sondern teilweise kontraproduktiv für die Vermittlung echten Reitens.

Zum einen, weil sie bereits in ihrer Grundlage Reiten nicht als die feine Kunst betrachten die es sein sollte - da es sich hierbei tatsächlich um eine reine Bedienungsanleitung handelt.
Zum anderen, weil der Reiter überhaupt nicht vermittelt bekommt, was er sich eigentlich mit seinem Pferd erarbeiten möchte – und wie er das am besten erreichen kann.

„Stell den mal tiefer ein“ ist keine Hilfestellung für den Reiter, es beinhaltet keinerlei echte Erklärung, keine Erläuterung der Art der Ausführung, es wird nicht einmal klar, was damit überhaupt gemeint ist.
Es ist einfach nur eine Anweisung.
Und zwar eine von jenen, die dann meist in einer für das Pferd schädlichen Haltung endet und vom Reiter einfach dadurch erreicht wird, dass er an den Zügeln zieht und das Pferd, um dem schmerzhaften Druck des Gebisses auf Zunge und Unterkiefer-knochen/Zahnfleisch zu entgehen, den Kopf senkt.

Das ist keine Kunst, das ist rohe Kraft und Mechanik.
Es geht beim Reiten aber nicht darum, ein Pferd in eine Haltung zu zwingen. Es geht darum, so geschickt zu handeln, dass das Pferd sich von alleine in die gewünschte Haltung begibt. (Die übrigens, um bei dem Beispiel zu bleiben, nichts mit dem „tief einstellen“ zu tun hat, was viele Reitlehrer und Reiter für „Anlehnung“ oder „vorwärts-abwärts“ halten.)

Ebenso verhält es sich mit anderen leeren Anweisungen.
Ein Kommando wie „Knie zu!“ führt lediglich zu einem verkrampften Sitz und dem angestrengten Klemmen

und Festhalten des Reiters. Was wiederum ganz von selbst eine Losgelassenheit und Durchlässigkeit des Pferdes verhindert.

Pferde reagieren (so sie nicht bereits vollkommen abgestumpft sind) auf Krampf und Spannung mit Krampf und Spannung.
Ganz einfach.

Daher lautet eine solche Anweisung bei mir dann eher: „Legen Sie ihre Oberschenkel ans Pferd - drehen Sie dafür einfach ein bißchen Ihr Knie nach innen und lassen sie das Bein locker fallen“, und schon sind folgende Voraussetzungen für einen geschmeidigen Sitz und entsprechend präzise und feine Einwirkung erreicht:

- das Knie liegt an ohne zu klemmen
- die Hüfte bleibt beweglich
- das Bein fällt locker und geschmeidig am Pferd herab
- der Fuß zeigt nach vorne
- der Absatz kann in der Bewegung mitfedern

Es ist sehr wichtig, sich vorstellen zu können was man gerade tun möchte und wie sich der Körper und das Pferd dabei anfühlen sollten. Dafür braucht es Erklärungen, die unmissverständlich und nachfühlbar sind.

Genauso wichtig wie das eben besprochene ist es, einen genauen Plan von dem im Kopf zu haben, was man an diesem speziellen Tag in dieser speziellen Stunde üben möchte und diesen Plan dann in Sekundenschnelle abwandeln zu können, falls sich herausstellt, dass das Pferd doch lieber noch eine Runde mehr im leichten Sitz galoppieren möchte oder an diesem Tag vielleicht gar mit einem langen Geländeritt besser dran wäre.

Auch dafür sind die Aufgaben in diesem Buch eine sehr gute Hilfe, denn mit ihnen lässt sich schnell und einfach ein verbindlicher aber flexibler, auf die jeweilige Tagesform von Ross und Reiter angepasster Trainingsplan erstellen.

Sie und Ihr Pferd lernen nicht viel positives oder haben eventuell gar eine negative Erfahrung, wenn Sie ohne Anweisungen eines kompetenten Ausbilders und ohne Fokus Runde um Runde auf dem Zirkel traben und dabei verbissen versuchen, Ihr Pferd „an den Zügel zu stellen".
Ihr Pferd wird sich im Zweifel zu wehren beginnen oder einfach mechanisch durch den Sand schlurfen – in keinem der beiden Szenarien verfeinern Sie aber Ihre Abstimmung und die Zusammenarbeit mit dem Pferd.
Was nicht heißen soll, dass das auf dem Zirkel reiten eine nutzlose Übung ist, ganz im Gegenteil, es ist eine der hilfreichsten Übungen. Nur wenn man dort einfach nur Runde um Runde seine Bahnen zieht, hat sie wenig bis keinen positiven Effekt.

Hingegen lernen Sie beide eine Menge, wenn Sie in derselben Viertelstunde so etwas vermeintlich Einfaches wie sorgfältige Übergänge zwischen Schritt und Trab reiten:

Sie arbeiten an Ihrer Konzentration und der Ihres Pferdes, Sie verfeinern (wenn Sie es richtig machen) ganz enorm Ihre Hilfengebung und werden nebenbei feststellen, dass Ihr Pferd plötzlich keine Angst mehr vor der gefährlichen Ecke hat, aufpasst und plötzlich ganz von alleine am Zügel geht.
(Dazu mehr ab Übung I.)

Damit die Übungen ihren Effekt erzielen können, sind mindestens folgende Regeln ebenfalls unabdingbar:

Die dritte Grundregel:

Egal wie banal und langweilig eine Aufgabe erscheint, der Reiter muss sie mit demselben Ernst und Eifer angehen, den er bei anspruchsvolleren Aufgaben aufbringen würde und der Genauigkeit und den Details absolute Priorität beimessen. Sonst geht der Effekt sofort verloren oder wird gar ins Gegenteil verkehrt.

Man ist kein guter Reiter, nur weil man fliegende Wechsel reiten kann. Gutes Reiten entsteht in den scheinbar langweiligen, kleinen Dingen.

Die vierte Grundregel:

Die Nüstern des Pferdes müssen zu jeder Zeit den vordersten Punkt bilden. Nicht die Stirn und schon gar nicht die Ohren. Nur mit einem geöffneten Genick kann der Bewegungsapparat des Pferdes optimal und ohne

Schaden zu nehmen arbeiten. Wie hoch der Kopf des Pferdes dabei getragen wird hängt davon ab, was wir gerade erarbeiten möchten. Unser Ziel sind im Wesentlichen zwei Haltungen: ein Abstrecken des Pferdehalses nach vorne und unten, also Nase auf Höhe des Buggelenks und darunter, bis hin zu Nase am Boden – aber immer mit den Nüstern voraus, sowie eine Selbsthaltung des Pferdes. Was nichts anderes bedeutet, als dass das Pferd seinen Widerrist anhebt, Hals und Kopf höher trägt (Nüstern bleiben vorderster Punkt), seine Kruppe senkt und seinen Schwerpunkt nach hinten verlagert.

Die fünfte Grundregel:

Man darf sich niemals festziehen.
Wenn man mit einem Pferd nicht weiterkommt, muss man sofort die Zügel auf den Hals legen und die Arbeit an dieser Stelle umgehend unterbrechen oder gänzlich beenden. Das bedeutet: Je nach Stimmung und Art der Misskommunikation gleich absteigen und das Pferd auf die Weide stellen oder noch im Schritt am langen Zügel ins Gelände reiten, das Pferd loben, in die Box oder zurück auf die Weide stellen, am nächsten Tag neu anfangen - und *dieses Mal klüger arbeiten*.

Denn wie schon in Grundregel zwei besprochen ist es nicht die Schuld des Pferdes, wenn der Reiter etwas verlangt das es nicht versteht oder nicht zu leisten in der Lage ist.

Es ist die Aufgabe des Reiters, zu jeder Zeit sicherzustellen, so mit dem Pferd zu trainieren und zu arbeiten, dass es das Geforderte auch leisten kann.
Viele von den Fehlern, die heutzutage auf Kosten der Pferdegesundheit gemacht werden, ließen sich schon durch das Befolgen dieses kleinen Auszugs an Regeln vermeiden.

Es ist sicherlich nicht leicht, sich auf diese richtige Art der Reiterei einzulassen und sich als Reiter umzustellen, wenn man immer nur gelernt hat, sein Pferd mit Kraft und „durchgreifen“ zu kontrollieren.
Und es ist sicher besonders schwierig, wenn man schon viele negative Erfahrungen gemacht und möglicherweise sogar Angst vor dem Reiten hat.
Daher möchte ich an dieser Stelle einen Rat geben:

Zu eins: vergessen Sie - wenn Sie dieses Buch durchgelesen haben und es anders versuchen möchten - alles, was Sie bisher über das Reiten gelernt haben und tun Sie so, als sei es Ihr erster Tag am Pferd.
Bereits die Begrüßung wird möglicherweise (aus Pferdesicht) herzlicher ausfallen, da Sie Ihr Pferd aufgrund des hier Gelesenen vielleicht umfänglicher wahrnehmen und sehen werden.
Beim Putzen, Satteln und Trensen werden Sie vermutlich vermehrt darauf achten, ob das Pferd Anzeichen von Schmerz oder Unwohlsein zeigt, Sie werden vielleicht ein weiches Gebiss einschnallen oder gleich ganz darauf verzichten und den Nasenriemen (so sie das nicht ohnehin schon getan haben) vorschriftsmäßig nach der zwei Finger Regel schließen.

Den Sattel werden Sie in der Zwischenzeit sehr wahrscheinlich von einem kompetenten Sattler angepasst haben lassen (an Ihr Pferd, nicht an Ihre Bequemlichkeit) kurz: Sie sind bereit, anders mit Ihrem Freund zusammenzuarbeiten.

Zu zwei, dem außerordentlich wichtigen Thema der Angst vieler Reiter möchte ich noch ein paar mehr Worte schreiben:
Wenn Sie Angst vor dem Umgang mit dem Pferd oder dem Reiten haben, suchen Sie sich einen erfahrenen Trainer der Ihnen dabei hilft, diese Ängste so schnell wie möglich loszuwerden. Und wenn das partout nicht gelingen sollte:
Lassen Sie das Reiten lieber sein.

Wenn Sie unsicher sind oder Angst haben kann es in der Nähe eines Pferdes wirklich schnell sehr gefährlich werden. Nicht, weil es böse ist, sondern weil es Ihre Anspannung und Angst als ein Zeichen dafür wertet, dass Gefahr droht.
Und da die meisten Reiter das wissen, versuchen sie sich zu schützen indem sie zu Methoden greifen mit denen sie das Pferd unter Kontrolle behalten können.
Auf Kosten der Gesundheit des Pferdes.

Natürlich kann ein Pferd einen Menschen töten. Jederzeit und mit Leichtigkeit. Ein Pferd könnte, wenn es wollte, ohne große Mühe jeden Menschen ins Krankenhaus oder ins Jenseits befördern, ein einziger gezielter Tritt würde vollkommen ausreichen.

Nur: die Pferde tun es nicht. Und zwar tun sie es deshalb nicht, weil sie zu den sanftmütigsten und freundlichsten Geschöpfen der Erde gehören.
Pferde sind dem Menschen nicht nur an Kraft haushoch überlegen, sondern auch in ihrem Wesen.
Kein Pferd möchte - wenn es nicht unausweichlich ist oder das Pferd zuvor misshandelt wurde - einen Menschen mutwillig verletzen.

Diese Pferde, die ihren Reitern mit einem gezielten Biss oder Tritt den Garaus machen könnten, leiden stattdessen Tag für Tag unter der Angst und dem Unvermögen eben dieser Reiter.
Leiden unter den Schmerzen und Maßnahmen die von den Reitern aus Angst vor Kontrollverlust angewandt werden, leiden unter scharfen Zäumungen, Schlägen und Rollkur/LDR - und sie krümmen ihren Reitern dennoch kein Haar.
Obwohl sie es mit Leichtigkeit könnten.
Einfach, weil das nicht in der sanftmütigen Natur des Pferdes liegt.
Vielleicht sollten alle Reiter darüber einmal lange und gründlich nachdenken.

Reiten ist kein Tennis, bei dem es dem Schläger egal ist wie man ihn hält oder ihn behandelt oder ob man ihn gar frustriert auf den Boden knallt und dann einfach durch einen neuen ersetzt, wenn man den alten kaputt gemacht hat.
Hier leiden Lebewesen unter falschem Ehrgeiz und der fehlenden Erkenntnis unzähliger Reiter, dass Reiten vielleicht einfach nicht das Richtige für sie ist.

Daher ein paar Hinweise.
Wer reiten will, dem muss folgendes klar sein:

- Runterfallen gehört dazu, egal wie gut man reitet. Es kommt absolut vor, dass man sich als Reiter verletzt. Und manchmal sogar schwer.

- Durchgehen, Erschrecken und Scheuen sind normales Pferdeverhalten und können nur durch die Souveränität des Reiters und das Vertrauen des Pferdes in seinen Reiter verhindert werden.

- Reiten zu lernen ist nur mit harter Arbeit, Disziplin und Geduld möglich.

- Reiten bedeutet zuallererst, die volle Verantwortung für das Pferd zu übernehmen und sein Wohlergehen stets an die erste Stelle zu stellen.

- Reiten bedeutet Kommunikation, Partnerschaft und Vertrauen. Es hat nichts mit Kontrolle, Unterwerfen oder gar Gewalt zu tun.

Versuchen Sie bitte nicht, das Reiten zu lernen, wenn Sie eigentlich Angst davor haben.
In anderen Lebenssituationen mag eine solche „Konfrontationstherapie" Sinn machen und hilfreich sein, um Ängste zu überwinden - aber hier passiert das auf Kosten eines anderen Lebewesens und das geht einfach nicht.

Merke: Sie versetzen Ihr Pferd durch Ihre eigene Angst/Unsicherheit in Anspannung und vermitteln ihm das Gefühl drohender Gefahr.
Es ist, wenn Sie nicht ein besonders souveränes Pferd haben, nur eine Frage der Zeit, bis es beschließen wird zu fliehen. Oder zu kämpfen.

Und warum das so ist, damit beschäftigen wir uns jetzt.

4. Kapitel

Bevor wir uns den einzelnen Übungen zuwenden, müssen wir uns mit dem Fluchtinstinkt des Pferdes befassen. Denn was so harmlos klingt ist entscheidend für das Gelingen oder Scheitern unserer Arbeit mit dem Pferd.
In jedem Pferd ist, heute wie vor tausend Jahren, der Fight or Flight Instinkt verankert, der sein Überleben sichern soll.
Der Inhalt ist ziemlich simpel:
Droht Gefahr, renne weg so schnell Du kannst. Kannst Du nicht fliehen, kämpfe bis Du freikommst oder tot bist.

Es handelt sich dabei um einen automatisierten Ablauf, der, einmal in Gang gesetzt, nur sehr schwer wieder zu stoppen ist. Das Pferd kann nicht entscheiden, jetzt wieder zum Normalzustand zurückkehren zu wollen, seinen Herzschlag zu beruhigen und die Muskeln zu entspannen. Das passiert erst dann, wenn das Pferd wirklich sicher ist, dass ihm keine Gefahr mehr droht.
Dazu muss man allerdings wissen, dass auch Schmerz im Pferd den Fluchtinstinkt auslösen und aufrechterhalten kann, das heißt: ein Pferd dem scharfe Gebisse im Maul, ein unpassender Sattel oder schwerer Reiter im Rücken oder eine Erkrankung im Bein oder Magen Schmerzen verursacht, wird unter Umständen nicht losgelassen und entspannt sein und in einem quasi dauerhaften Fight or Flight Zustand leben – mit weitreichenden Konsequenzen für seine Gesundheit.

Denn im Fight or Flight Modus wird nicht nur der Herzschlag und der Muskeltonus erhöht, es werden auch große Mengen an Stresshormonen in die Blutbahn ausgeschüttet. Stress begünstigt – wie beim Menschen – unter anderem die Entstehung von Magenschleimhautentzündungen und Magengeschwüren, mit den häufig daraus folgenden Mangelerscheinungen durch die dann gestörte Resorption von Vitaminen und Spurenelementen und natürlich den heftigen Schmerzen, die mit einer Magenerkrankung einhergehen.
Die Versorgung mit Blut, Nährstoffen, Sauerstoff von Herz und Muskeln wird hochgefahren und die der für eine Flucht oder einen Kampf „unwichtigen" Organe wie Haut oder Verdauungsapparat reduziert. Häufige Verdauungsstörungen und Koliken sind daher bei gestressten Pferden keine große Überraschung und ein echter Hilfeschrei.
Ebenso wenig wie einen die Anfälligkeit für Haut- und Atemwegserkrankungen überraschen kann, denn:
Das Immunsystem wird effektiv unterdrückt, um jede Energie in Flucht/Kampf stecken zu können, was das Pferd naturgemäß anfällig macht für jeden Pilz und jeden Infekt der irgendwo durch den Äther schwebt.

Als wäre das alles nicht schlimm genug wird die Leistung des Gehirns auf Reptilienniveau gesenkt, damit das Pferd nicht darüber nachzudenken beginnt in welche Richtung es weglaufen soll, sondern einfach losrennt – keine gute Voraussetzung, um komplexe Aufgaben zu bewältigen.
Und schließlich, wie schon erwähnt: die Muskeln werden unter Hochspannung gesetzt und wechseln in

diesem Zustand nicht mehr zwischen An- und Entspannung, was eine Kraft- und Volumenzunahme im Muskel unmöglich macht.

Für eine kurze Flucht sind diese evolutionsbiologischen Abläufe perfekt. Um ein Pferd gesundheitsfördernd zu arbeiten allerdings denkbar ungeeignet.

1. Weil ein anhaltend hoher Muskeltonus den Muskelaufbau verhindert. Nur ein Muskel, der zwischen positiver Anspannung und Entspannung wechselt kann sich aufbauen und stärker werden.

2. Weil durch das Herunterfahren des Gehirns unser Pferd nicht im Stande ist irgendetwas wirklich aufzunehmen oder gar zu lernen und komplexe Leistungen von ihm zu fordern in diesem Zustand nicht nur extrem unfair, sondern absolut nutzlos wäre.

3. Weil ein Pferd im Fight or Flight Modus ohnehin nicht zuhört. Diese Abläufe dienen dem nackten Überleben, da verliert einfach alles andere an Wichtigkeit.

Mit einem Pferd unter Anspannung, Schmerzen, Angst oder Stress arbeiten zu wollen ist also nicht nur nutzlos, sondern fügt dem Pferd in den meisten Fällen weiteren Schaden zu.
Als Reiter sollten wir daher unbedingt verhindern, dass es soweit kommt.

Die gute Nachricht ist: in den allermeisten Fällen gibt es Hinweise auf eine bevorstehende Flucht/Explosion des Pferdes und es ist möglich, das Pferd insgesamt mutiger und stresstoleranter werden zu lassen, so dass die Grenze zur Flucht nicht so schnell erreicht wird.*
(*nachzulesen in „Reitsport – Auf dem Rücken des Pferdes")

Es ist also von entscheidender Bedeutung, dass wir genau über den Fight or Flight Instinkt Bescheid wissen und erkennen können, wann ein Pferd hinein zu geraten scheint.
Ein ganz wichtiger Punkt ist dabei die Anpassung der Sinne des Pferdes an die ständige Fluchtbereitschaft:
Der Fight or Flight Instinkt ist beim Pferd so prägend, dass etliche seiner Sinne ausschließlich auf die Wahrnehmung von Gefahren ausgerichtet sind.
Es hört viel besser und noch ganz andere Frequenzen als der Mensch, es kann viel weiter schauen, dafür sieht es in seiner unmittelbaren Nähe so ziemlich gar nichts, es kann extrem gut riechen, und, das für das Reiten Wichtigste:

Es kann Gefühle in anderen Lebewesen „lesen".
Ein Pferd ist in der Lage, winzigste Anzeichen von Anspannung, Angst oder Aufregung in den Lebewesen in seiner Umgebung wahrzunehmen.
Dazu zählen andere Pferde, Hunde, Katzen, Mäuse, Wild, Vögel - oder eben Menschen.
Die bloße Wahrnehmung einer solchen Anspannung ist für das Pferd instinktiv bereits ein Hinweis auf eine drohende Gefahr und es wird automatisch in die erste Stufe des Flucht- / Kampfinstinktes versetzt.

So einfach kann es passieren.
Gleichzeitig ist diese außerordentliche Sensibilität des Pferdes der Grund, warum es uns möglich ist unser Pferd alleine durch die Konzentration unserer Gedanken und der damit einhergehenden Körperspannung zu lenken.

Um diese Fähigkeit des Pferdes zu verdeutlichen, möchte ich Ihnen von einem Experiment berichten:
Pferde und Reiter wurden mit Gurten zur Messung des Herzschlages ausgestattet und dann bekamen die Reiter die Aufgabe, eine Reitbahn zu umrunden, an deren einer Seite eine Person mit einem zusammengeklappten Regenschirm stand.
Ein paar Runden lang wurden so die Herzfrequenzen von Pferden und Reitern aufgezeichnet, alle Herzschläge waren ruhig und im Normalbereich.
Nun sagte man den Reitern, dass die Person mit dem Schirm selbigen ruckartig aufspannen werde, wenn der Reiter das nächste Mal auf sie zu geritten käme.
Bei allen Reitern stieg daraufhin der Herzschlag sprungartig an, in der Erwartung des Schreckmomentes für ihr Pferd.
Und jetzt kommt das Beeindruckende:
Der Herzschlag der Pferde erhöhte sich parallel zu dem ihrer Reiter, ohne dass die Pferde gewusst hätten, dass der Schirm beim nächsten Mal aufgespannt werden sollte und ohne, dass er auch nur ein einziges Mal tatsächlich aufgespannt wurde.

Für die Pferde hatte sich also rein gar nichts verändert, sie reagierten ausschließlich auf die gestiegene Anspannung der Menschen auf ihrem Rücken.

Ich finde, dieses Experiment zeigt sehr beeindruckend, wie viel mehr als eine Floskel der alte Spruch ist, den sicher jeder Reiter schon einmal gehört hat:

„Reiter dürfen keine Angst haben, Pferde merken das."

Diese Aussage ist sehr viel mehr als nur eine typische Reitlehrer Bemerkung und von wirklich großer Bedeutung.

Grundsätzlich für alle Reiter gilt: bleiben Sie auch in schwierigen Situationen gelassen und entspannt und lassen Sie sich keinesfalls von der Nervosität oder Ängstlichkeit Ihres Pferdes anstecken.

Verlieren Sie niemals die Selbstbeherrschung, seien Sie zu jeder Zeit ruhig und konsequent, aber strafen Sie Ihr Pferd nicht und fügen sie ihm keine Schmerzen zu.
Für ein Fluchttier ist es entscheidend, sich jede schlechte Erfahrung zu merken, um das Überleben zu sichern und deswegen tut das Pferd genau das.
Eine einzige solche Situation kann die Arbeit von Monaten zerstören.

Daher möchte ich Sie an dieser Stelle noch einmal an Grundregel Nummer 5 erinnern und hinzufügen:

Reiten Sie nicht mit Zwang, Druck und dem Zufügen von Schmerz, all das sind Faktoren, die das Pferd ebenso in erhöhten Stress versetzen. Das Reiten in „Rollkur/LDR" oder anderen Zwangshaltungen (sowie jede andere Art gewaltsamen, rohen Reitens) ist für das

Pferd mit weit mehr negativen Folgen verbunden als nur dem Schmerz und den daraus entstehenden Blockaden in Maul, Kiefer, Genick, Hals, Widerrist, Schulter und Rücken.
Wir möchten aber mit unserem Reiten genau das Gegenteil erreichen: wir möchten das Pferd stärken und kräftigen um zu vermeiden, dass es Schaden nimmt – psychisch und physisch.
Und das kann nur gelingen, wenn wir a) das Vertrauen des Pferdes gewonnen haben und b) unser Training für das Pferd in keiner Weise mit Gefahr, Schmerz oder Angst verbunden ist.

Das Reiten in Leichtigkeit trägt auch in diesem Zusammenhang dazu bei, die Lage für das Pferd zu verbessern. Denn ein Reiter, der fein und präzise kommuniziert, wirkt für das Pferd beruhigend und vertrauenserweckend, es folgt den Signalen gerne und gerät nicht so schnell in Panik.

Ich nehme an, das ist auch der Grund warum alle Pferde die mit mir immerzu durchgingen oder mich abbockten und sich vor wirklich jedem Grashalm erschraken, mit meiner Großmutter im Sattel zu tiefenentspannten, locker durchschwingenden, am langen Zügel im gewünschten Tempo galoppierenden Sonnenscheinen mutierten.

Und das unterstreicht, was schon viele vor mir in ähnlicher Form gesagt haben:

Man muss einfach nur reiten können und das Pferd verstehen, dann wird (fast) alles andere überflüssig.

Sehr wichtig ist für unser feines Reiten auch noch folgende Information: als Herdentier in der Steppe, ohne die Möglichkeit sich zu verstecken, haben Pferde eine möglichst geräuscharme Kommunikation entwickelt, um nicht die Aufmerksamkeit von Raubtieren auf sich zu lenken. Pferde empfinden laute Geräusche als beängstigend und achten dafür auf jede Mimik, jede Geste, jedes Kopfschieflegen, jedes Ohr, jede Beinstellung. Dass sie das tun ist einer der Gründe, warum es so einfach ist, Pferden in der „Freiheitsdressur" alle möglichen Kunststückchen beizubringen und es ist ebenfalls einer der Gründe, warum so viele Pferde abschalten, sobald ihre Reiter in der Nähe sind.

Ein Reiter, der permanent auf sein Pferd einredet, wild gestikuliert oder gar laut ist, ist für das Pferd eine Zumutung. Es bekommt quasi ein „noisy brain", der Reiter sendet einfach viel zu viele Signale gleichzeitig aus. Daher sind ruhige, in sich ruhende und kompetente Reiter, die wissen was sie tun, den Pferden so angenehm. Seien Sie sich also darüber bewusst, dass Ihr Pferd nicht nur Ihre Gefühle lesen kann, sondern auch Ihre Mimik - und dass es eventuell etwas in eine Handbewegung hineininterpretiert, was Sie gar nicht ausdrücken wollten.

Das ist genau das, was ich damit meine, wenn ich sage man muss eine gemeinsame Sprache finden. So etwas ist ein Missverständnis und dass das Pferd plötzlich etwas tut, was der Reiter gar nicht wollte, ist dann ebenfalls nicht mehr als das. Allerdings auch nicht weniger.

5. Kapitel

Bevor wir nun im nächsten Kapitel mit den Übungen beginnen, lassen Sie uns noch einen kurzen Blick auf die für uns Reiter in diesem Zusammenhang wichtigsten Strukturen im Pferdekörper werfen.
Für uns Reiter deshalb von besonderer Bedeutung, weil wir wie besprochen die meisten Schäden im Pferd durch zu viel Einwirkung auf den „Kopf" des Pferdes verursachen.

Ich denke es hilft zu verstehen, wie weitreichend die Folgen eines „einmal richtig mit der Hand durchkommens" sind, wenn man zumindest die folgenden Zusammenhänge kennt:

1. Zungenbein und Schulter/Vorhand

Durch harte Einwirkung mit der Hand, scharfe Gebisse oder Zwangsmaßnahmen wie das Reiten in Rollkur/LDR aber auch durch „Riegeln" oder unbewusst starke Zügelhilfen beim Reiten mit Gebiss, können wir einem Pferd innerhalb von Sekunden das Zungenbein blockieren.

Das Zungenbein des Pferdes ist ein knöchernes Konstrukt, welches wie eine Schaukel an den Schläfenbeinen des Pferdes zwischen den Unterkieferästen aufgehängt ist und mehrere gelenkige Verbindungen aufweist.

Der vorderste Teil dieser Konstruktion bildet einen Fortsatz, welcher die Zunge stabilisiert und mit bewegt, der hintere Teil ist unter anderem mit dem Kehlkopf verbunden.
Kann sich das Zungenbein an der Verbindung zum Schädel nicht auf und ab sowie vor und zurück und außerdem frei mit der Zunge nach vorne und hinten bewegen, oder ist die Beweglichkeit in den beiden Gelenken gestört, schränkt dies unter anderem auch die Beweglichkeit des Kehlkopfes und des „Zäpfchens" mit ein und behindert somit den Schluckakt.
Das kann so weit gehen, dass Pferde nur noch sehr ungern und wenig trinken und Schwierigkeiten beim Fressen haben, auch sieht man bei Pferden mit einem festen/blockierten Zungenbein häufig Speichel aus dem Maul laufen.

Ein blockiertes Zungenbein kann das Pferd allerdings nicht nur beim Fressen und Trinken behindern, es kann auch Bewegungseinschränkungen und Lahmheiten der Vorhand hervorrufen.
Einer der Muskeln, der für den Schluckakt die Zunge nach hinten zieht, ist der sogenannte Schulter-Zungenbein- Muskel.
Dieser hat seinen Ursprung unter dem Schulterblatt in der Schulterfaszie und setzt am Zungenfortsatz des Zungenbeines an.
Das bedeutet:
Es gibt eine direkte Verbindung zwischen dem Zungenbein-Apparat und der Schulter des Pferdes.
Ist dieser Muskel nun überspannt, wie zum Beispiel bei in Rollkur / LDR, mit festgezogenen Nasenriemen oder

mit anderen Arten von Zwang gerittenen Pferden, bleibt die Zunge dauerhaft nach hinten gezogen.
Was erstens naturgemäß die Beweglichkeit der Zunge selbst einschränkt und zweitens ganz direkt die Beweglichkeit der Schulter.

Besteht eine dauerhaft erhöhte Spannung in dieser Muskulatur, beginnt die Schulter zu schmerzen.
– Ein häufiges Anzeichen dafür, dass die Vorhand weh tut ist (außer Abwehr beim Putzen an der Schulter): mangelnder Vorwärtsdrang.
Etliche Pferde, die als „faul“ oder „triebig“ bezeichnet werden haben in Wirklichkeit Schmerzen in den Schultern/der Vorhand.
Das Pferd hat keine knöcherne oder gelenkige Verbindung, die seine Vorderbeine am Körper befestigen würde.
Schulter und Oberarm werden alleine durch Muskeln, Bänder und Gewebe am Körper gehalten, was grundsätzlich eine bessere Stoßdämpfung ermöglicht und flexiblere Beweglichkeit.
Nur: sobald diese Schultermuskulatur verspannt, schmerzt oder überlastet wird, hat dies sofort Auswirkungen auf den gesamten Bewegungsablauf des Pferdes.
Nicht vorwärts gehen zu wollen ist dabei nur ein Anzeichen von vielen. Wenn das Pferd die Lahmheit zeigt, ist es meist schon erheblich geschädigt, hat Kompensationen im Rücken, Hals und Becken und benötigt eine umfassende Wiederherstellung seines körperlichen Wohlbefindens.

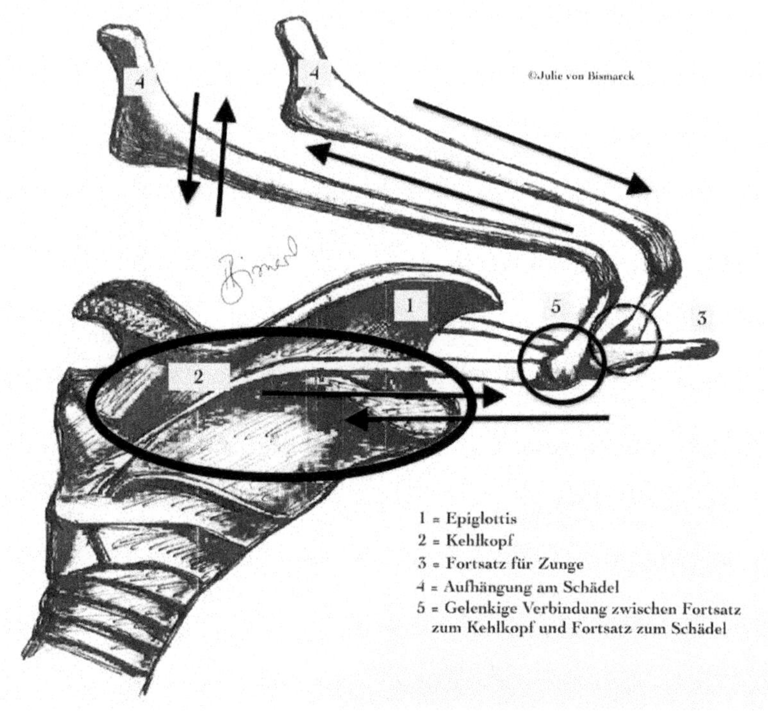

Abb.X: Das Zungenbein des Pferdes

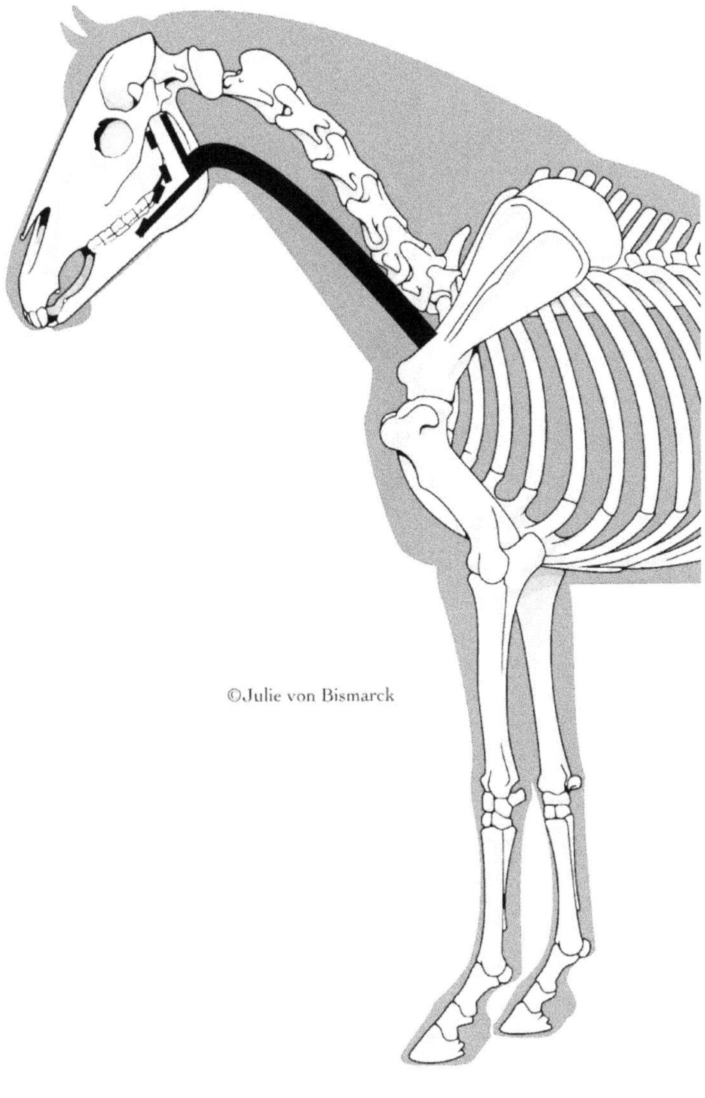

Abb.XI: Der Schulter-Zungenbein-Muskel

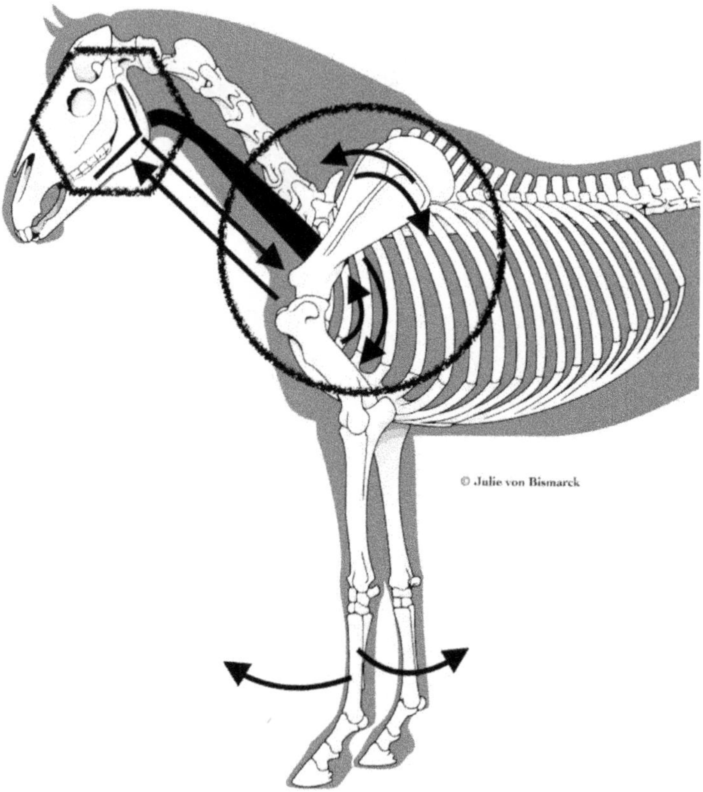

Abb.XII: Das Zungenbein und die Bewegung der Vorhand

Bringt das Pferd das Bein nach vorne gleitet das Schulterblatt des Pferdes am Thorax nach hinten / unten und der Winkel im Schultergelenk, also zwischen Schulterblatt und Oberarm öffnet sich.
Bringt das Pferd das Bein nach hinten, also in der Stützphase, gleitet das Schulterblatt nach vorne / oben und der Winkel im Schultergelenk schließt sich.

Ist diese Beweglichkeit, dieses Gleiten des Schulterblattes auf dem Brustkorb nun durch die Spannung in der Schulterfaszie eingeschränkt, hat das Folgen:

1. Das Pferd kann das betroffene Bein nicht mehr so weit nach vorne bringen wie das „gesunde“, es verliert an Raumgriff.
2. In der Stützbeinphase, wenn das Gewicht auf dem betroffenen Bein liegt, kommt es durch das gestörte Vorgleiten des Schulterblattes zu einer schmerzhaften Spannung in allen Muskelgruppen, welche das Vorderbein am Rumpf des Pferdes fixieren. Diese Spannung zieht bis in den Hals und in den oberen Rücken.

Sie können sich das so vorstellen, wie eine extreme Verspannung im Schulter-Nacken-Bereich. Das kann so weit gehen dass man Taubheitsgefühle in den Fingern bekommt, Kopf- und Rückenschmerzen, dass man seinen Kopf nicht mehr drehen und die Arme nicht ohne Schmerzen frei bewegen kann.

Ein Pferd, welches „triebig“ erscheint, die Vorderbeine nicht weit vorführt, sich nicht biegen lässt oder nicht mit den Vorderbeinen kreuzen mag, hat unter Umständen Schmerzen in besagtem Schulter-Nackenbereich.

Es ist daher von entscheidender Bedeutung, die Pferde so zu reiten, dass der Schulter/Nackenbereich gelockert wird und wir Verspannungen in diesem Bereich vorbeugen. Dafür ist eine feine Anlehnung und vorsichtiger Umgang mit den Zügelhilfen (beim Reiten auf Gebiss) unerlässlich.

2. Kiefergelenk und Kreuzdarmbeingelenk

Auch die Kiefergelenke des Pferdes sind eine Struktur, die wir Reiter durch schlechtes Reiten oder unsachgemäßen Umgang extrem schnell schädigen/blockieren können.

Wie bereits beim Zungenbein beschränkt sich auch in diesem Fall der Schaden nicht auf die Kiefergelenke – im Gegenteil: eine harte Hand beeinträchtigt auch die Beweglichkeit der Hinterhand. Genauer: die Übertragung des Schubes von den Hinterbeinen über das Becken auf den Rücken.

Das Kiefergelenk stellt die Verbindung zwischen dem Unterkiefer und dem Schläfenbein des Schädels dar. Es handelt sich um ein Walzengelenk das verschiedene Bewegungen zulässt:

- Vor und zurück
- Rechts und links
- Rotation/Mahlbewegung

Diese Beweglichkeit ist sehr entscheidend für das Pferd und zwar nicht nur für den Kauvorgang, sondern auch für seinen Bewegungsablauf.

Eine Blockade des einen Kiefergelenks betrifft meist schon nach kurzer Zeit auch das andere Kiefergelenk, da der Unterkiefer mittig unterhalb der unteren Schneidezähne zusammengewachsen ist und sich daher die Unterkieferäste nicht voneinander getrennt bewegen lassen.
Sollte das doch einmal der Fall sein, sollte man das Pferd sofort in die Klinik fahren, denn dann handelt es sich sehr wahrscheinlich um einen Kieferbruch.

Während sich Pferde in freier Wildbahn wohl selten den Kiefer blockieren und wenn, dann als kompensatorische Folge einer Blockade der Kreuzdarmbeingelenke oder aufgrund von Zahnerkrankungen, sind die Blockaden des Kiefergelenks beim Reit- und Fahrpferd ein häufiger Befund.

Es ist anzunehmen, dass der lange Hebel der Unterkieferäste und die Lage der Gebisse bei der Entstehung von solchen Blockierungen eine entscheidende Rolle spielen:

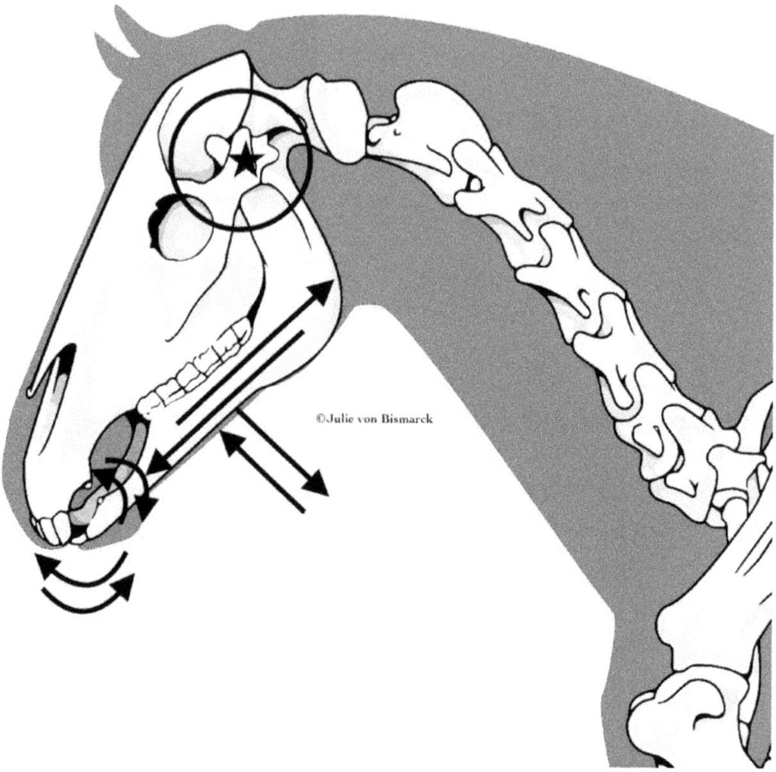

Abb.XIII: Das Kiefergelenk und seine Bewegungsrichtungen.

Bei nach unten gerichtetem Zug / Druck auf das vordere Drittel des Unterkiefers, also dort, wo sämtliche Gebisse aber auch Steigergebisse, Führketten etc. eingeschnallt werden, wirkt der lange Unterkieferast wie ein Hebel, der die einwirkenden Kräfte um ein Vielfaches potenziert.

Das bedeutet: auf das Kiefergelenk wird ein Druck ausgeübt, für den es überhaupt nicht ausgelegt ist. Dieser Druck wird von der Muskulatur abgefangen, welche sich zu diesem Zweck verspannt und in diesem Zustand verharrt, die Beweglichkeit des Kiefergelenks wird eingeschränkt, es ist blockiert.
Eine harte Hand, ein „Einrollen“ des Pferdes, ein durch das Maul gezogener Strick, weil das Pferd nicht auf den Hänger will, kann ein Kiefergelenk binnen Sekunden anhaltend blockieren.
Von den anderen gesundheitlichen Folgen einmal ganz abgesehen.

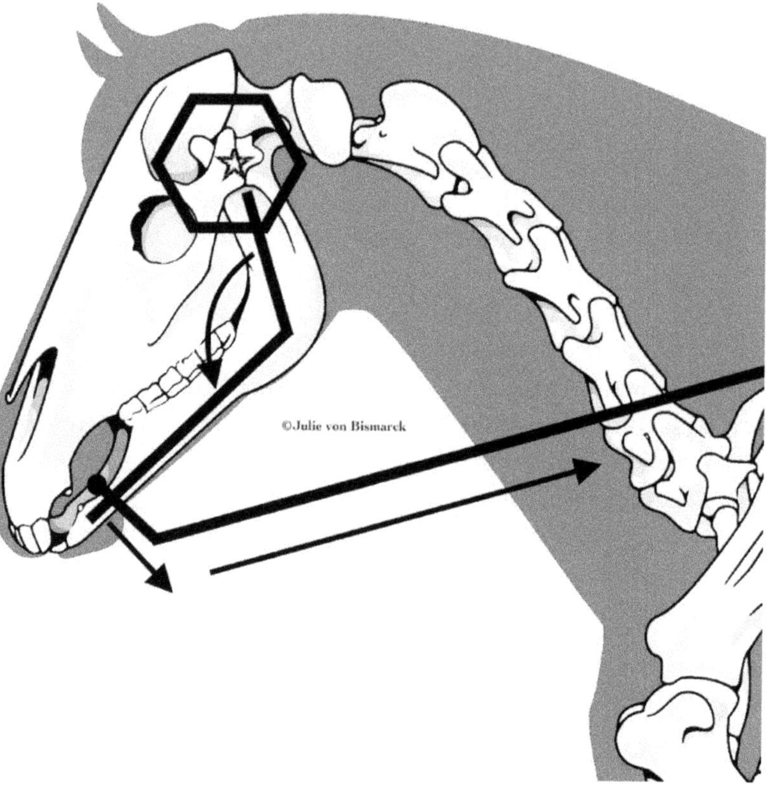

Abb. XIV: Hebelwirkung auf den langen Unterkieferast bringt Druck auf den Kieferwinkel. Da dieser sich nicht öffnen kann (ein durchgehender Knochen), gelangt dieser Druck bis in das Kiefergelenk selbst. Dieses ist für diese Art der Belastung nicht ausgelegt, die umliegende Muskulatur kommt mit Anspannung zur Hilfe und stellt das Gelenk fest (= Blockierung des Kiefergelenks).

Bei einer solchen Blockierung sind die Bewegungen in den Kiefergelenken nur noch limitiert möglich – mit schwerwiegenden Folgen für das Pferd:

1. Das Vorschieben des Unterkiefers:

Es handelt sich um eine automatische Bewegung, bei der der Unterkiefer nach vorne gleitet, sobald das Pferd den Kopf senkt.
Diese Bewegung ist auf eine optimale Futteraufnahme ausgerichtet:
Die Schneidezähne werden übereinandergestellt, um Gras und andere Pflanzen abrupfen zu können und gleichzeitig wird durch das Vorgleiten des Unterkiefers im Kiefergelenk selber Platz geschaffen, für die im Anschluss an das Abrupfen notwendigen Mahlbewegungen zur Zerkleinerung des Futters.

2. Mahlbewegungen und Seitwärtsbewegungen:

Wie viele Pflanzenfresser, kaut auch das Pferd in mahlenden Bewegungen, schiebt also den Unterkiefer hin und her, man könnte auch von einer kreisenden Bewegung sprechen. Das Futter wird auf diese Weise auf den breiten Backenzähnen, wie zwischen zwei Mühlsteinen zermahlen.
Diese besondere Kaubewegung presst gleichzeitig mechanisch den Speichel aus den Speicheldrüsen.
Das ist für das Pferd besonders wichtig, da der Speichel als natürlicher Puffer zur Neutralisierung seiner Magensäure dient. Und da sich im Pferdemagen immer Magensäure befindet und nicht nur dann, wenn es frisst, ist dieser Puffer tatsächlich immens wichtig, um zu

verhindern, dass die Säure die Magenschleimhaut angreift.

Die Seitwärtsbewegungen des Unterkiefers nach rechts und links sind nicht nur am Kauvorgang des Pferdes beteiligt, sie sind auch entscheidend für jede Wendung des Pferdes.
Es ist nämlich der Unterkiefer, welcher durch ein leichtes Verschieben in die geplante Bewegungsrichtung jede Richtungsänderung des Pferdes einleitet.

3. Das Zurückschieben des Unterkiefers:

Diese Bewegung erfolgt, sobald das Pferd den Kopf hebt. Das Kiefergelenk wird dadurch quasi „zugemacht", Kauen ist in diesem Zustand nur schwer möglich.
Dafür bringt der nach hinten geschobene Unterkiefer Spannung in den Nacken und Rücken des Pferdes und bis in die Hinterhand hinein.
Kurz gesagt: Schiebt das Pferd den Unterkiefer nach hinten, zieht diese Bewegung automatisch eine gespannte Aufrichtung nach sich.
Wir erinnern uns an das Kapitel über den Fight or Flight Instinkt:
Durch das Heben des Kopfes wird somit nicht nur das Blickfeld erweitert, sondern Spannung in die Hinterhand (den Motor) gebracht, so dass eine sofortige Flucht aus dem Stand bestmöglich gelingen kann.
Beim Reiten machen wir uns dies zu Nutze, wenn wir ein Pferd in Aufrichtung reiten.

Hier sieht man wieder, wie ausgeklügelt alle noch so kleinen Bewegungen beim Pferd aufeinander abgestimmt sind und wie viel Bedeutung sie wirklich haben.

Da diese Bewegungen beim Menschen ganz ähnlich sind, gibt uns das die hervorragende Gelegenheit, selber nachvollziehen zu können, was eine Einschränkung dieser verhältnismäßig kleinen, aber so entscheidenden Bewegungen für ein Pferd bedeutet.
Probieren Sie es aus, es ist wirklich beeindruckend.

Erste Übung:

Stellen Sie sich gerade aber locker hin und nehmen Sie die Zähne lose auseinander, denn in der neutralen Stellung des Kiefers haben die Zähne keinen Kontakt, auch beim Pferd nicht.
Bewegen Sie nun Ihren Kopf, Kinn voraus, langsam nach vorwärts-abwärts ohne dabei etwas zu beeinflussen.
Sie werden feststellen, dass Ihr Unterkiefer mit der Bewegung nach vorne gleitet. Für ein besseres Gefühl können Sie die Augen schließen.

Stellen Sie sich wieder gerade hin und beißen Sie dieses Mal die Zähne fest aufeinander. Wiederholen Sie nun die gleiche Bewegung noch einmal.
Sie werden feststellen, wie viel Spannung sich bis in den Nacken hinein aufbaut und wie die Bewegung unter Umständen sogar schmerzhaft wird.
Die Bewegung ist zwar noch möglich, aber nicht mehr locker, natürlich, unaufwendig und fließend.

Das ist für ein Pferd, dessen Unterkiefer am Vorgleiten gehindert wird, ganz genauso.

Zweite Übung:

Stellen Sie sich nun wieder gerade aber locker hin, nehmen Sie die Zähne lose auseinander und gehen ganz normal los, um nach ein paar Schritten nach links abzuwenden.
Sie werden merken, wie Ihr Kopf die Bewegung einleitet und Schulter und Brustwirbelsäule folgen.
Wenn Sie nun aber ganz bewusst auf Ihren Unterkiefer achten, merken Sie, wie dieser sich als allererstes, bevor Kopf, Schulter und Wirbelsäule folgen, wenn auch minimal, in die angestrebte Richtung verschiebt.
Probieren Sie das Gleiche ruhig noch einmal nach rechts, es ist interessant, dass die Bewegung meist auf einer Seite „leichter" ist.
Jetzt beißen Sie wieder die Zähne aufeinander und wiederholen Sie das Experiment. Sie werden erneut feststellen, was für ein Druck in ihrem gesamten Kopf entsteht und wie unnatürlich/mechanisch sich die Bewegung auf einmal anfühlt.

Denken Sie daran, wenn Sie das nächste Mal Ihr Reithalfter / Nasenriemen / Sperriemen schließen, das wird Sie sicher ermutigen, die zwei Finger Regel immer einzuhalten. Zwei Finger eines erwachsenen Menschen müssen übereinander zwischen Nasenbein und Riemen passen.

Dritte Übung:

Stellen Sie sich gerade aber locker hin, nehmen Sie die Zähne auseinander und schieben Sie nun Ihren Unterkiefer bewusst Richtung Hinterkopf.
Sie werden merken, wie diese Bewegung automatisch Ihren Kopf nach hinten zieht und Spannung in den Nacken und den oberen Rücken bringt = Sie kommen in Aufrichtung und Ihr Körper wird gespannt.

Jetzt übertreiben Sie das einmal, schieben Sie also den Unterkiefer soweit Richtung Hinterkopf wie möglich, das Kinn geht automatisch zur Brust, der Nacken wird gespannt bis in die Brustwirbelsäule hinein.
Dies ist die Position, in der sich ein Pferd in Rollkur / LDR / jeder engen Einstellung befindet.

Sie werden unter anderem merken, wie Ihre Kehle zugeht, dass Sie schlechter atmen und nur unter Anstrengung schlucken können.
Wenn Sie nun versuchen, in dieser Position zu kauen, werden Sie feststellen, wie limitiert die Bewegungen sind und welche Anspannung der unteren Halsmuskulatur nötig wird, um sie überhaupt auszuführen.
Ich wäre sehr verwundert, wenn Sie diese extreme Position länger als dreißig Sekunden halten können.
Mir tun bereits nach einigen Sekunden die Halsmuskeln weh.
Spätestens jetzt wird klar, wie sich ein Pferd fühlen muss, dem die Nase auf die Brust gezogen wird.

Und es wird klar, warum wir strengstens darauf achten müssen, dass die Bewegungen in den Kiefergelenken des Pferdes zu jeder Zeit möglich und schmerzfrei sind, um das Pferd ohne Schaden zu nehmen trainieren zu können. Dazu gehört übrigens auch eine regelmäßige Kontrolle der Zähne durch einen spezialisierten Zahnarzt.

Noch mehr erschließt sich diese Bedeutung wenn man weiß, dass die Verbindungen der Kiefergelenke bis in das Becken hineinreichen, denn:

Die Bewegungseinschränkung eines Kiefergelenkes führt über kurz oder lang zu einer Blockierung des auf der anderen Körperseite liegenden Kreuzdarmbeingelenkes und anders herum.
Das bedeutet: das blockierte Kiefergelenk kann nicht nur die beschriebenen Schwierigkeiten auslösen – es kann auch das gesamte Becken und die Schub- und Schwungübertragung aus der Hinterhand auf den Rücken lahmlegen.

Werfen wir einen Blick auf die Biomechanik:
Die Kreuzdarmbeingelenke sind die einzige Verbindung zwischen dem Becken, also der Hinterhand, und dem Rücken des Pferdes. Es handelt sich nicht um echte Gelenke, sondern um eine durch straffe Bänder, Gewebe und Muskeln gebildete Verbindung zwischen der Unterseite der Darmbeinschaufel und dem Kreuzbein. Aufgrund der enormen Kräfte, die hier einwirken und übertragen werden, ist der Bewegungsausschlag in den Kreuzdarmbeingelenken zu Gunsten der Stabilität sehr gering.

Die Beweglichkeit in den Kreuzdarmbeingelenken, also ein minimales, aber vorhandenes, federndes Bewegen der Darmbeinschaufeln in den aus Bändern und Muskeln gebildeten Verbindungen zum Kreuzbein (eine rechts eine links) ist deshalb von so entscheidender Bedeutung, da genau hier die Übertragung des Schubes aus der Hinterhand auf die Wirbelsäule stattfindet.

Das kann man sich in etwa so vorstellen:
Das belastete Hinterbein drückt sich ab und der daraus entstehende Schwung / Schub gelangt über das Hüftgelenk in den Beckenring.
Das Darmbein federt mit der Bewegung am Kreuzbein, dem letzten Teil der Wirbelsäule des Pferdes vor den Schweifwirbeln, nach kopfwärts und unten = wenn das Hinterbein sich abdrückt, nach hinten heraus, wobei der Schub/Schwung vom Darmbein / Beckenring auf das Kreuzbein übertragen wird und von dort auf die Lendenwirbelsäule. In der Vorführphase und Moment des Auffußens federt das Darmbein im Kreuzdarmbeingelenk nach hinten / oben.

Wie eine Welle, die mit dem Abdrücken des Hinterhufes vom Boden beginnt, sich von dort über das Knie und die Hüfte ausbreitet, über die Darmbeinschaufel auf das Kreuzbein übertragen wird, von wo sie über die Lendenwirbelsäule, die Brustwirbelsäule, die Halswirbelsäule und das Genick / die Kopfgelenke weiterläuft und so schließlich im Pferdemaul ankommt.

Einige von Ihnen haben vielleicht noch nach den alten Richtlinien reiten gelernt und kennen daher die Regel, dass man immer nur so viel Schwung mit der Hand abfangen darf, wie man zuvor in der Hinterhand erzeugt hat.

Selbst wenn die alten Reitmeister nichts über den Zusammenhang zwischen Kiefergelenk und Becken gewusst haben sollten, so war ihnen doch vollkommen klar, dass man mit der Hand, also der Einwirkung des Zügels auf das Gebiss/den Unterkiefer, die Hinterhand des Pferdes außer Kraft setzen und die Wellenbewegung des durch den Körper fließenden Schubes abbrechen kann.

Denken Sie beim Reiten immer daran, wie wenig das Kiefergelenk des Pferdes für Druck ausgelegt ist und wie schnell Sie daher mit der Einwirkung Ihrer Hand die besprochenen Schwierigkeiten hervorrufen können.

Erinnern Sie sich außerdem immer wieder an die Übungen zu den Bewegungen des Kiefers: diese mögen klein sein aber sie sind absolut unverzichtbar für einen natürlichen, losgelassenen und für das Pferd positiven Bewegungsablauf.
Nur so können die richtigen Muskeln genutzt und Fehlbelastungen, Schmerzen und Verschleiß im Pferd verhindert werden.

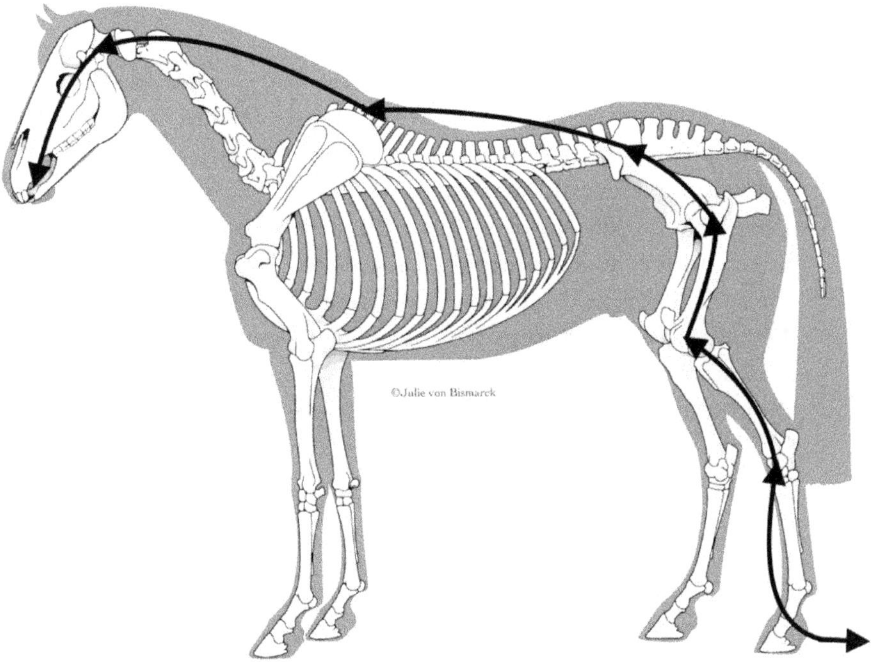

Abb.XV: Die Welle

3. Das Genick

Auch das Genick gehört zu den Strukturen, die wir beim Reiten oder im Umgang mit dem Pferd sehr schnell schädigen können.
Starker Druck auf diesen Bereich, sei es durch Knotenhalfter, unpassende Trensen oder Reiten in enger Halshaltung, führt zu Verspannungen, Schmerzen und Bewegungseinschränkungen.
Die Schmerzen können so groß sein, dass das Pferd unter anderem auf einmal „kopfscheu" wird, sich nicht mehr trensen/aufhalftern lässt, steigt sobald der Reiter Druck macht, mit dem Kopf schüttelt, vermehrt scheut und schreckhafter wird.
Nochmal zur Erinnerung: diese Reaktionen sind kein plötzlicher Anfall von Bösartigkeit, sondern Ausdruck von Schmerz.

Bei dem Wort „Genick" denken die meisten Menschen wahrscheinlich zuerst an die Verbindung zwischen dem Schädel (Hinterhauptbein) und dem ersten Halswirbel (Atlas), es gehört jedoch auch die Verbindung zwischen dem ersten und dem zweiten Halswirbel (Axis) dazu.
Dieser zweite Halswirbel ragt mit einer Art Knochen-Stift in den ersten Halswirbel hinein und bei dem Begriff „Genickbruch" handelt es sich häufig um einen Bruch eben dieses sogenannten „Zahnes".
Da es sich beim Genick also nicht um ein einzelnes Gelenk handelt, wird diese Konstruktion häufig auch als „die Kopfgelenke" bezeichnet.

Die Bewegungen welche im Genick möglich sein müssen sind:

Nickbewegungen zwischen dem ersten Halswirbel und dem Hinterhauptbein, Spitzname „Ja-Gelenk“, sowie Rotation zwischen dem zweiten Halswirbel und dem ersten Halswirbel, Spitzname: „Nein-Gelenk.

Die Verbindung zwischen dem ersten und zweiten Halswirbel ist die einzige Stelle, an der die sogenannte Stellung des Pferdes möglich ist, allerdings nur dann, wenn der erste Halswirbel frei beweglich und nicht in eine Richtung blockiert ist.

Ein Pferd mit einer Genickblockade / einem schmerzhaften Genick wird sich nicht stellen lassen, verwerfen, Schwierigkeiten in der Anlehnung haben.
Wenn Sie das nun falsch deuten und mit Kraft und Hilfszügeln versuchen, das Pferd in die gewünschte Haltung zu zwingen, kann der Schaden im Pferd erhebliche Ausmaße annehmen.

Ein „offenes“ Genick beim Reiten ist unter anderem deshalb so wichtig, damit die Beweglichkeit in den Kopfgelenken nicht beeinträchtigt wird.
Wird ein Pferd eng geritten, übt das einen erheblichen Druck auf den ersten und zweiten Halswirbel aus, führt zu Verspannungen, Schmerzen und Schonhaltung.
Beim Reiten stets auf ein offenes Genick zu achten, ist unter anderem aus diesem Grund so wichtig.

Der Begriff „offenes Genick“ wird häufig missverstanden, ich werde es daher einmal anders formulieren:

Die Nüstern des Pferdes müssen zu jedem Zeitpunkt der vorderste Punkt des Pferdes sein, dann hat man ein offenes Genick.
In der Senkrechten sind die Nüstern dann nur noch minimal weiter vorne, aber dennoch der vorderste Punkt des Pferdes.
Wenn Sie darauf achten, haben Sie schon einen riesigen Schritt in pferdegerechtes Training getan.

Genauso wichtig wie das Training im Gelände ist nämlich das Erfühlen der tatsächlichen Bewegungen des Pferdes, die Schulung der Konzentration von Reiter und Pferd und das Erarbeiten genauen Reitens zur gezielten Gymnastizierung des Pferdes.

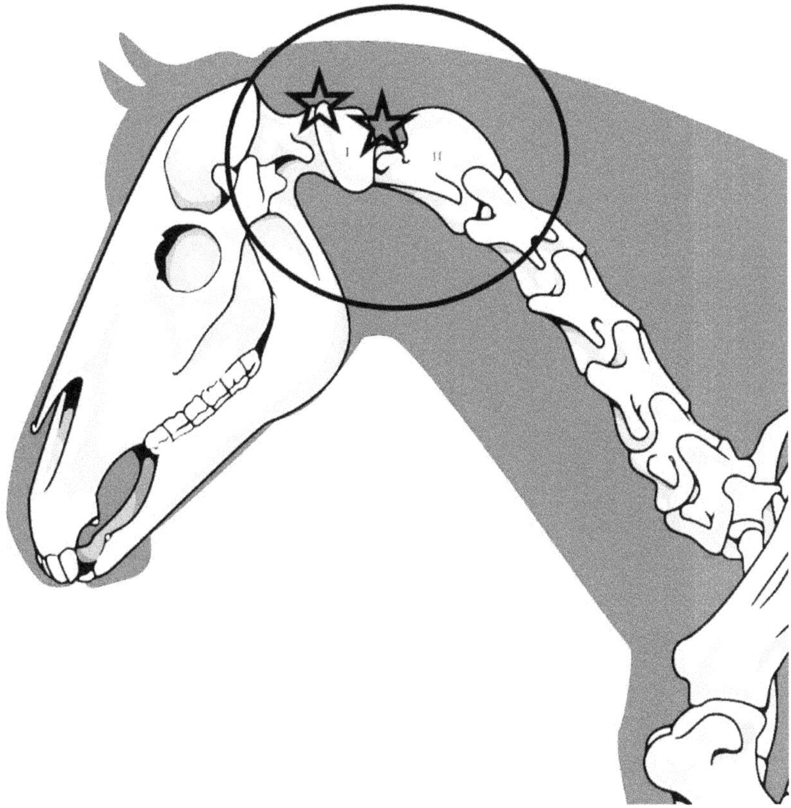

Abb.XVI: Das Genick des Pferdes

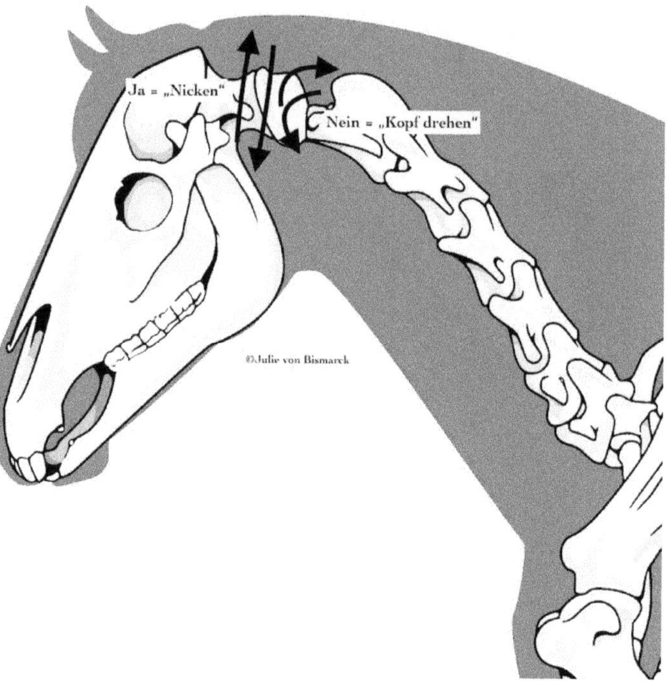

Abb.XVII: „Ja" und „Nein" Gelenk

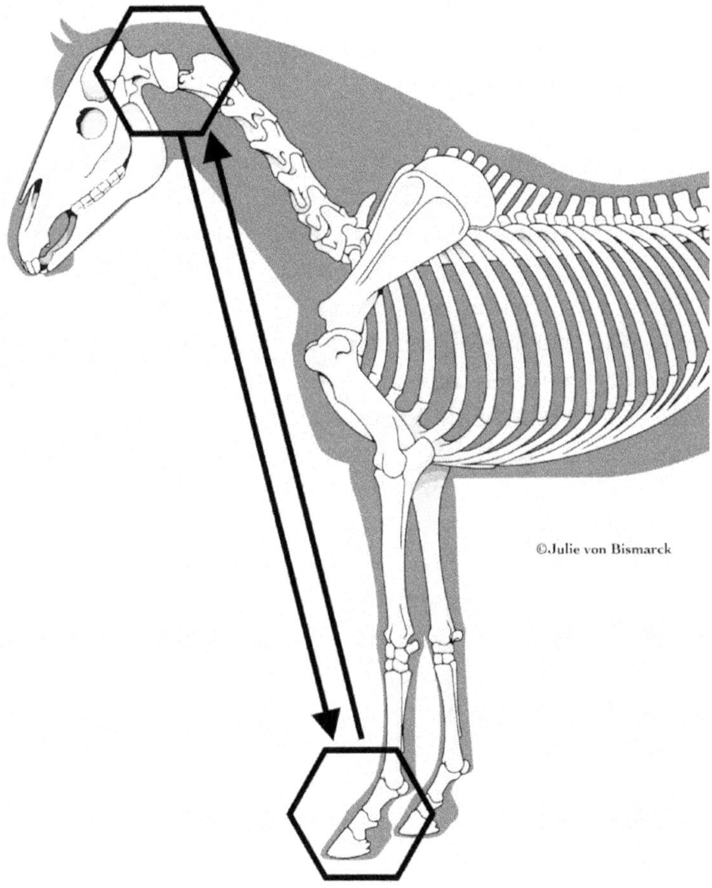

Abb.XVIII: Verbindung Genick und Hufe, Fesselkopf

6. Kapitel

Kommen wir nun zu den praktischen Übungen, mit deren Hilfe wir die Kommunikation mit unseren Pferden verfeinern können.
Voraussetzungen für den Reiter: eine solide Grundausbildung und ein ausbalancierter Sitz (wobei Sie daran natürlich täglich weiter arbeiten), Konzentrationsfähigkeit und körperliche Fitness.
Voraussetzungen für das Pferd: Gesundheit.
Alle meine hier aufgeführten Übungen sind für jedes gesunde Pferd geeignet und jedes gesunde Pferd - so unwahrscheinlich das am Anfang in manchen Fällen scheinen mag - kann diese Übungen mit konzentrierter, regelmäßiger Arbeit irgendwann perfekt ausführen.
Ich weiß, dass der Eine oder Andere Zweifel hegen mag, besonders wenn er ein Pferd reitet, das durch falsches Reiten oder schmerzhafte Maßnahmen bereits vollkommen abgestumpft zu sein scheint und aus dem jeder Trabtritt „herausgetrieben“ werden muss, oder das in das andere Extrem fällt und ohne permanente Einwirkung der Zügel nicht unter Kontrolle zu halten zu sein scheint.
Sie werden erstaunt sein, wie sehr ein Pferd sich verändern kann, wenn man das Training und den Umgang verändert.

Es ist vollkommen klar, dass ein Pferd welches von Beginn an im Sinne der klassischen Reiterei mit Geduld, Zeit und Vernunft ausgebildet wurde, sich mit der Ausführung der Übungen leichter tun wird als ein Pferd, welches 12 Jahre lang ausschließlich mit Schlaufzügeln, scharfen Gebissen, zugezogenem Reithalfter, Zwang und Druck „geritten“ wurde. Aber auch das Pferd im zweiten Fall kann das Ziel erreichen – und das ist das Wundervolle an diesen Übungen.

So sehr ich sonst das Reiten im Gelände vorziehe: reiten Sie die Übungen zunächst in der Halle oder auf dem Reitplatz. Sie müssen sich währenddessen extrem konzentrieren, besonders am Anfang, und da hilft es eine Begrenzung zu haben. Um nicht ständig zu glauben, steuern oder bremsen zu müssen - aber auch ganz einfach zur Orientierung.
Versuchen Sie sich beim Lesen der Übungsbeschreibungen und vor jedem Reiten die entsprechenden Bewegungen und Ihre jeweilige Körperspannung in den beabsichtigten Übungen vorab vorzustellen. Sie werden feststellen, dass solche „Trockenübungen“ enorm hilfreich sind für die praktische Umsetzung: das Gehirn speichert die vorgestellten Abläufe und sorgt auf diese Weise dafür, dass Ihr Körper bereits reagiert, wenn Sie nur daran denken.
Und das ist genau das, worauf Ihr Pferd reagieren wird. Das heißt, Ihr Pferd wird seine Bewegungen bereits vergrößern oder verkleinern, die Gangart oder die Bewegungsrichtung wechseln, wenn Sie nur an die anstehende Aufgabe denken – denn dabei werden Sie intuitiv eine minimal andere Körperspannung und Haltung einnehmen. Und das genügt, damit Ihr Pferd reagiert.

Loben Sie Ihr Pferd überschwänglich, sobald es etwas richtig macht. Nehmen Sie sich dafür Zeit und lassen Sie

sich nicht stressen, nur weil Sie meinen Sie müssten die Übung vollenden.
Lob und positive Verstärkung sind die wichtigsten Pfeiler auf unserem Weg zu einer feinen Kommunikation mit dem Pferd, sie sind dafür dementsprechend genauso wichtig wie die Übungen selbst.

Merke: Das Lob ist Teil des Trainings – keine Unterbrechung desselben.

Wie ich schon erläutert habe geht es bei all den von mir hier aufgeführten Übungen um die Kleinigkeiten.
Das bedeutet auch: besonders zu Beginn Ihres neuen Trainings müssen Sie penibel darauf achten, dass Sie korrekt sitzen und einwirken (keine Sorge, das beschreibe ich zu jeder Übung im Detail) und dass Ihr Pferd auch wirklich das tut was Sie gerne hätten und nicht "schummelt".
Freundliche Bestimmtheit, Fokus, Konzentration und Konsequenz lauten hier unsere Stichworte.

Sie können die Übungen in Ihr normales Bahntraining einbauen. Beginnen Sie dabei unbedingt mit Übung I und fügen Sie immer erst dann eine neue Übung hinzu, wenn Sie und Ihr Pferd die vorausgegangene wirklich beherrschen. (Einzige Ausnahme: die letzte Übung, diese dürfen Sie reiten, wann immer Sie mögen.)
Sollten Sie nichts anderes zu üben haben, schadet es auch nicht, einmal über ein ganzes Training einfach nur alle bisher erarbeiteten Übungen abzurufen. Das sollte aber eher die Ausnahme sein, da es extrem viel Konzentration von Reiter und Pferd erfordert.

So oder so: machen Sie nach jeder Übung eine Schrittpause am hingegebenen Zügel von etwa 5-7 Minuten. Das Pferd und Sie selbst brauchen Zeit, um das Gelernte zu verarbeiten.

Hören Sie außerdem sofort auf, wenn eine Übung zu Ihrer Zufriedenheit geklappt hat. Es ist zwar verständlich aber ein großer Fehler, es dann nochmal versuchen zu wollen (und dann im Zweifel nochmal) – nur weil es sich endlich gut anfühlt.
Tun Sie das nicht, Sie werden sehr wahrscheinlich mit einem miserablen Gefühl aus dem Training kommen, weil es dann meist umschlägt und gar nichts mehr klappt. Wir sollten uns bemühen, stets mit einem guten Gefühl aufzuhören, um beim nächsten Mal mit einem ebenso guten Gefühl wieder anzufangen.
Beenden Sie das Training also nach einer gelungenen Übung, loben Sie Ihr Pferd ausgiebig, galoppieren Sie noch ein bisschen oder machen Sie einfach Schluss - je nachdem wieviel Sie vorher schon gearbeitet haben.
Es lohnt sich auf die Wiederholung zu verzichten – so können Sie sich auch gleich noch mehr auf das nächste Training freuen.

Denken Sie daran, dass das Pferd keine Maschine ist und genauso gute und schlechte Tage wie jedes andere Lebewesen. Wenn Sie merken, dass Ihr Pferd an einem Tag, an dem eigentlich ein Dressurtraining ansteht mit einem langen Schrittausritt, einem Spaziergang oder einem schnellen Galopp im Gelände besser bedient wäre, verschieben Sie Ihren Plan entsprechend.

Es ist absolut entscheidend, dass wir versuchen die Arbeit mit dem Pferd für alle Seiten positiv zu gestalten. Ich habe ja schon erklärt, welch negative Auswirkungen Stress auf die Gesundheit des Pferdes hat. Wenn wir auf eine echte Partnerschaft mit dem Pferd abzielen, dann müssen wir auf seine Befindlichkeiten ebenso eingehen, wie auf unsere eigenen.
Die Arbeit mit dem Pferd umzustellen gilt es übrigens auch dann, wenn nicht das Pferd, sondern der Reiter einen schlechten Tag erwischt hat.
Es bringt überhaupt nichts, nach einem Arbeitstag an dem einem alle auf die Nerven gegangen sind und nichts geklappt hat, mit übler Laune und kurzer Lunte aufs Pferd zu steigen und Übungen reiten zu wollen, die volle Konzentration erfordern.

Wie wir schon besprochen haben fährt sich das Gehirn bei Stress herunter und kann komplexe Aufgaben nicht mehr zufriedenstellend lösen – das gilt natürlich nicht nur für das Pferd, sondern auch für den Reiter.
An einem solchen Stress-Tag ist es um Ihre Konzentrationsfähigkeit also nicht zum Besten bestellt. Da die Übungen ohne extrem konzentrierten / fokussierten Reiter aber nicht funktionieren, wird an einem solchen Tag sehr wahrscheinlich gar nichts klappen.
In solchen Situationen gewinnt bei vielen Reitern dann schnell die Frustration – sie sind eh schon genervt und nun „funktioniert auch noch das Reiten nicht“… Diese Reiter laufen Gefahr, ihren Frust am Pferd auszulassen.

Riskieren Sie das nicht:

Ein einziges Festziehen, eine einzige unfaire Handlung, weil Sie genervt sind kann Wochen Ihrer Arbeit und des gewonnenen Vertrauens und Verständnisses zwischen Ihnen und Ihrem Pferd zerstören.
Denken Sie immer daran was wir über den Fight or Flight Instinkt besprochen haben: Pferde merken sich jede gute Erfahrung und genauso jede schlechte. Das ist der Grund, warum wir unsere Pferde so leicht mit positiver Verstärkung ausbilden können, aber das ist auch der Grund, warum eine einzige schlechte Erfahrung reicht, um alles mühsam erarbeitete Vertrauen und jede feine Kommunikation wieder zu zerstören.

Wir möchten mit dem Reiten dieser Übungen und der damit verbunden Änderung unserer inneren Einstellung ein Gefühl erreichen, das sich sehr vereinfacht ausgedrückt in etwa so beschreiben lässt:

Es fühlt sich so an, als würde der eigene Körper mit dem des Pferdes verschmelzen, jede Bewegung die das Pferd ausführt geht in einen über und jede kleinste Veränderung in Haltung oder Spannung die man selbst durchführt findet sofort Antwort im Pferd.
Sie werden verstehen was ich meine, wenn Sie selbst das erste Mal diese Erfahrung gemacht haben und dann werden Sie auch verstehen, warum jede Form von Grobheit, Zwang, Schmerz, scharfer Ausrüstung bei dieser Art des Reitens fehl am Platz ist.

Wenn das gelingt werden Sie schnell feststellen, dass Sie auf einmal viel mehr Freude am Reiten haben, wie viel stärker und freundschaftlicher die Beziehung zu Ihrem

Pferd wird - und wie viel leichter Sie und Ihr Pferd plötzlich alles meistern können.
Wie viel mutiger Sie beide im Gelände werden, wie Ihr Pferd auf einmal schon auf Ihre gedachten Hilfen reagiert und wie viel besser Ihre Körperbeherrschung und die Haltung Ihres Pferdes wird.

Folgende Punkte sind noch einmal wichtig:

- Loben Sie Ihr Pferd umgehend für alles, was es richtig macht. Ignorieren Sie unerwünschtes Verhalten.

- Seien Sie unbedingt konsequent und reiten Sie jede Übung bis ins kleinste Detail genau. Nur wenn Sie von Anfang an konsequent und penibel auf jede Kleinigkeit achten, können Sie später zu einer feineren Kommunikation finden.

- Strafen Sie niemals. Pferde lernen, wie alle Lebewesen, am allerbesten durch positive Verstärkung. Strafen führen ausschließlich zu Abwehr und einer negativen Verbindung mit dem Erlebten - aber niemals zu einem dauerhaften und positiv verknüpften Lernerfolg.

- Erwarten Sie keine Wunder. Auch wenn Ihr Pferd in einigen Übungen sofort wie ausgewechselt scheint: Nur Übung macht den Meister - und nicht nur Sie, auch Ihr Pferd hat gute und schlechte Tage.

- Wundern Sie sich nicht über Muskelkater in Muskeln, von denen Sie nichts wussten.

- Und vor allem: geben Sie nicht auf! Eine richtige Reitausbildung dauert viele Jahre und man lernt als Reiter sein Leben lang dazu.

Hinweise zum Reiten der Übungen:

- Reiten Sie die Übungen unbedingt ohne Sporen und stets nur auf normaler Wassertrense oder gebisslos (dann bitte mit normalem Zaum/Reithalfter, keine Hebel, keine Knotenhalfter oder andere Ausrüstung, die eine scharfe Wirkung hat.). Jede Art von „Hilfsmittel“ wie scharfe Gebisse, gebisslose Zäumungen mit Hebelwirkung, Knotenhalfter, Kandaren oder Hilfszügel machen den Sinn der Übungen zunichte und der erwünschte Effekt wird nicht eintreten. Es geht bei diesen Übungen um das Erlernen gegenseitigen Vertrauens, das „sich aufeinander verlassen“ und mit feinen Hilfen miteinander zu kommunizieren, ein freundschaftliches Gespräch zu führen.
  Wenn der Reiter zu diesem Gespräch seine Waffen mitbringt, und ja, auch ein gebissloser Zaum oder ein Halfter zählen zu dieser Kategorie sobald sie eine scharfe Wirkung haben, ist dieser Ansatz obsolet:

1. Die Reiter verlassen sich auf Ihre Hilfsmittel und stehen unter dem Eindruck, ohne diese ihr Pferd nicht reiten zu können. Aber genau das wollen wir ja gerne ändern. Wir wollen uns das Gefühl erreiten, nur durch uns, unsere Gedanken und unsere mit Muskelspannungen und Bewegungen geführten „Gespräche", mit unserem Pferd genau das erreichen zu können, was wir uns wünschen. In dem Moment, in dem das das erste Mal gelingt, vertieft sich ganz von selbst die Verbindung zum Pferd - und damit die Beziehung. Und das wiederum ist die Basis für gutes Reiten.

2. Weil es – egal wie gut der Reiter ist – nicht ausgeschlossen werden kann, dass die Wirkung dieser Hilfsmittel dem Pferd während des Trainings Schmerzen oder Zwang zufügt. Beides würde Vertrauen zerstören statt aufzubauen, das Pferd in Spannung versetzen und eine negative Verknüpfung im Pferd hinterlassen.

- Stellen Sie sicher, dass Sie sich regelmäßig für Sitzübungen an die Longe nehmen lassen, so dass Sie in der Lage sind, unabhängig von der Hand, losgelassen und entspannt im Pferd zu sitzen.

- Versuchen Sie in allen Phasen, wo keine erhöhte Körperspannung des Reiters vonnöten ist, wie

eine „Schlabberpuppe“ zu sitzen, also wirklich möglichst entspannt und locker.
Wir wollen ein losgelassenes, durchlässiges Pferd – das geht nur mit einem losgelassenen Reiter.

- Beginnen Sie ruhig auf der „besseren“ Seite, also derjenigen auf der Ihnen und Ihrem Pferd die Aufgaben leichter fallen.

- Führen Sie jede Übung immer exakt genau gleich auf beiden Händen aus. Wenn Sie also 2x links herum geübt haben sind es auch 2x rechts herum.

- Versuchen Sie nicht die „schlechtere“ Hand zu verbessern indem Sie die Übung auf selbiger häufiger reiten – besonders wenn kein erfahrener Trainer dabei ist, der von unten korrigieren und helfen kann, riskieren Sie statt einer Verbesserung ein Einschleifen der bereits vorhandenen Fehler. Denn häufig liegen mehrere Gründe vor, deren Beseitigung eine gewisse Übersicht erfordert und die Sie von oben so nicht zuordnen können. Reiten Sie stattdessen alle Übungen weiter gleichmäßig auf beiden Händen und versuchen Sie lieber, das gute Gefühl von der einfacheren Hand auf die Schwierigere mitzunehmen. Das funktioniert in den allermeisten Fällen ganz hervorragend.

- Nutzen Sie Stimmhilfen bis die Feinabstimmung funktioniert. Achten Sie dabei bloß darauf, diese Hilfen genauso präzise einzusetzen wie all Ihre anderen Hilfen. Wenn Sie permanent auf das Pferd einreden, wird es abschalten. Wir haben das im Kapitel über den Fight or Flight Instinkt besprochen: Pferde kommunizieren untereinander möglichst leise und wenig mit Lauten, um keine Raubtiere auf sich aufmerksam zu machen. Ständige Beschallung ist für ein Pferd daher sehr wahrscheinlich außerordentlich störend.

- Sollte die Durchführung einer Übung auf einer Hand sehr viel leichter sein als auf der anderen, kann dies ein Hinweis auf vorliegende Blockaden, Bewegungseinschränkungen oder Schmerzen sein. Lassen Sie sich und Ihr Pferd in so einem Fall von einem erfahrenen Osteopathen/Physio untersuchen und Fehler an der Ausrüstung ausschließen.

- Das Ziel ist es, alle Übungen ohne den Einsatz der Zügel reiten zu können. In dem Moment, wo das gelingt, dürfen die Zügel wieder aufgenommen werden, denn dann hat der Reiter gelernt, sein Pferd so gut mit anderen Mitteln zu steuern, dass die Zügel nur noch begleitend und verfeinernd wirken - aber niemals mehr als „Hauptinstrument“ des Reiters gelten.

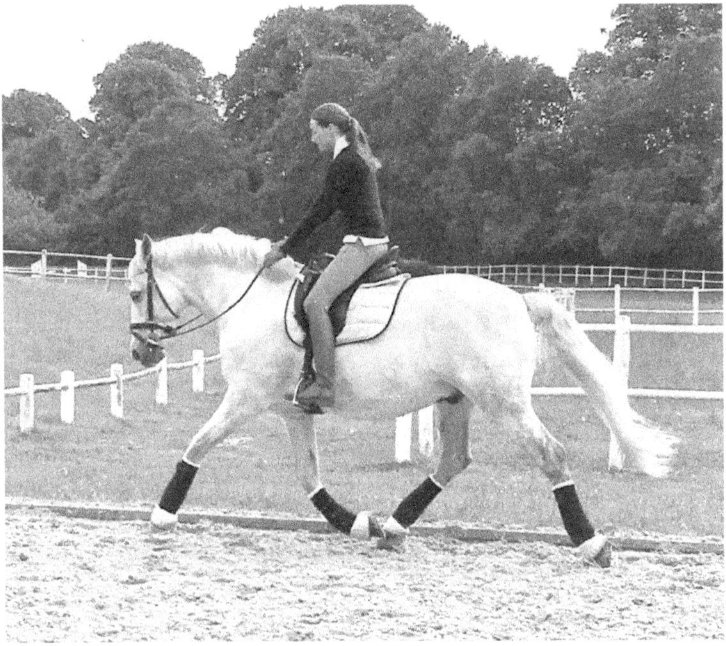

Abb.IX: Leider unscharf aber ein Beispielbild für positive Spannung ohne Druck – so in etwa wollen wir unsere Pferde in den nun folgenden Übungen reiten.

Übung I: Finde die Füße

Meine erste Übung hört sich einfach an aber Sie werden schnell feststellen, dass sie das ganz und gar nicht ist. Ich nenne die Übung „Finde die Füße", weil sie unter anderem dafür gedacht ist, dem Reiter ein genaues Gefühl für jeden der vier Füße des Pferdes zu vermitteln – ein sehr wichtiger Schritt auf dem Weg zu feinem Reiten. Nebenbei fördert diese Übung die Durchlässigkeit und Losgelassenheit des Pferdes – und seine Reaktionsfreudigkeit.

Und so geht´s:
Sie reiten auf dem Hufschlag, ganze Bahn.
10 Schritte Schritt, dann 5- 6 langsame Tritte Trab, dann wieder zurück zum Schritt. Konzentrieren Sie sich auf jede Bewegung des Pferdes und parieren Sie genau an der Stelle durch/traben sie genau dort an, wo Sie sich ihre Markierung im Kopf gesetzt haben.
Wenn es Ihnen schon gelingt, können Sie auch einfach ganz genau die 10 und 5 Tritte/Schritte einhalten.

Das Zügelmaß darf sich während dieser Übung nicht verändern und die Anlehnung sollte ganz leicht sein. Sie werden feststellen, dass Sie bereits 1 – 2 Schritte/Tritte vor dem Übergang an die andere Gangart denken müssen, um den Punkt dann wirklich zu treffen.

Ganz wichtig: sowohl das Durchparieren als auch das Antraben soll ohne Einsatz der Zügelhilfen erfolgen. Nehmen Sie zum Parieren in den Schritt ihre „Ohren nach hinten" und denken sie an Schritt, setzen Sie gerne

auch Ihre Stimme ein. Zum Antraben denken Sie an sehr langsamen Trab, pushen Sie Ihr Pferd nicht.
Lassen Sie es langsam antraben und wirklich langsam, denn Sie wollen ja sofort wieder in den Schritt parieren. Schnell werden Sie merken, dass Ihr Pferd bereits auf Ihre Gedanken reagiert und wie einfach sich das Reiten plötzlich anfühlt.
Reiten Sie die Übung für insgesamt maximal 10 Minuten (lieber weniger sobald ein paar Übergänge gut geklappt haben aufhören!) auf beiden Händen gleich verteilt.
Die allermeisten Pferde haben sehr schnell raus worum es geht und beginnen von selber anzutraben oder durchzuparieren – zählen Sie daher genau die Schritte und Tritte, variieren Sie die Anzahl während des Trainings und achten Sie penibel auf die Einhaltung Ihrer Hilfen.
So einfach es klingt – es braucht ein bisschen Übung bis es klappt. Lassen Sie sich davon nicht entmutigen, denn wenn Ihnen und Ihrem Pferd diese Übung gelingt, haben Sie bereits einen riesigen Schritt in Richtung feines Reiten und gesundes Pferd getan.
Die „Kontrolle" über die 4 Beine des Pferdes zu haben, ohne dafür den Zügel einzusetzen, ist eine extrem wichtige Errungenschaft für jeden Reiter, schon weil auf diese Weise eine Menge versehentlicher Einwirkung auf Kiefer und Zunge des Pferdes und damit etliche Blockierungen in diesem Bereich vermieden werden können.
Wenn die Übung richtig gut klappt, können Sie sie auch auf dem 2. Hufschlag, Schlangenlinien und Zirkeln reiten. – Und natürlich auch im Gelände.

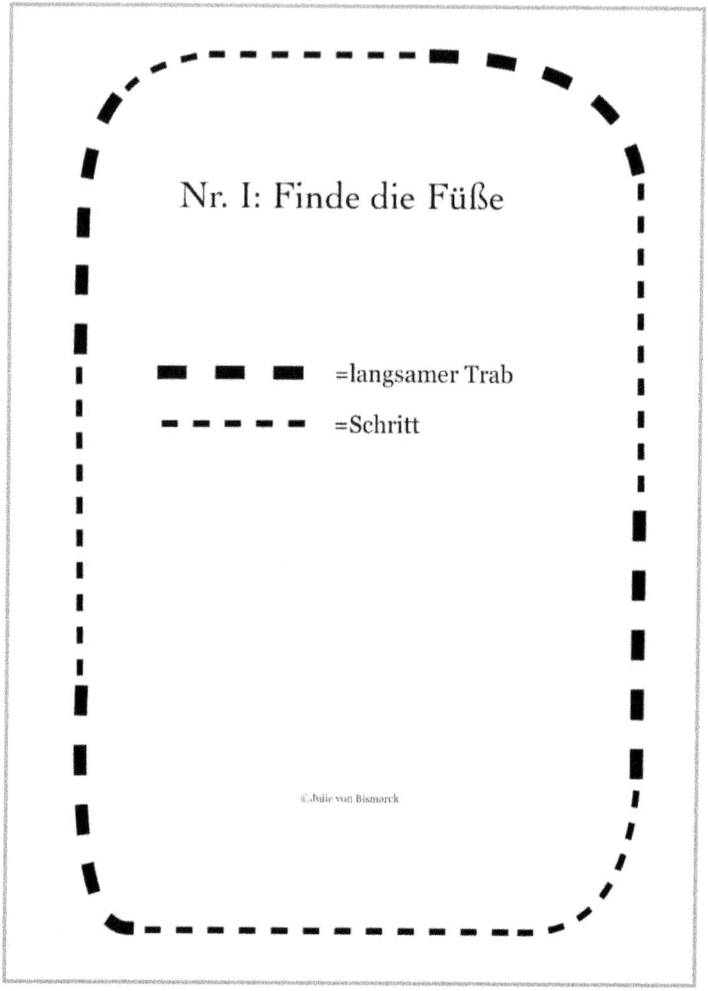
Nr. I: Finde die Füße
=langsamer Trab
=Schritt
©Julie von Bismarck

Übung II: Das Ei

Ziel der Übung ist ein Antreten und Zurückkommen des Pferdes auf feinste Schenkel- und Gewichtshilfen des Reiters sowie ein lockeres durch-den-Körper-Schwingen.
Mit zunehmendem Fortschritt sollten die Übergänge ohne Einsatz der Zügel geritten werden können und der Unterschied zwischen den beiden Trabarten so groß wie möglich werden.

Wie die erste Übung ist auch diese sehr gut zum Aufwärmen geeignet. Sie reiten im Leichttraben auf einem großen Oval, wobei Sie an den langen Seiten die Bewegungen Ihres Pferdes vergrößern möchten und es an den kurzen Enden in einen sehr langsamen, kleineren Trab zurückführen.
Ganz wichtig bei dieser Übung ist es, wirklich penibel jeden einzelnen Trabtritt zu reiten und zu fühlen - es handelt sich nicht um „lange Seite Gas geben, kurze Seite zurückholen".
Denken Sie zum Verlängern der Tritte an den langen Seiten tatsächlich an ein Größerwerden der Bewegungen Ihres Pferdes, nicht an ein schneller laufen. Stellen Sie sich vor, dass Ihnen der Rücken entgegenkommt, das Pferd den Bauch anhebt und die Trabtritte dadurch raumgreifender werden.
Um dieses Bild zu erreichen, legen Sie Ihre Beine mit der Absicht an den Pferdebauch diesen anheben zu wollen, um Platz für die weiter vorgreifenden Hinterbeine zu schaffen.

Merken Sie sich: Je größer die Bewegung werden soll, desto mehr muss der Bauch aus dem Weg sein – denn nur durch die größeren Bewegungen der Hinterbeine wird der Bewegungsablauf im ganzen Pferd realistisch größer.
Und auch wenn es in Wahrheit natürlich mehr um das Aufwölben und freie Arbeiten des Rückens geht: als Bild ist das „Hochziehen des Bauches" außerordentlich nützlich.

Ihre treibenden Hilfen kommen also zunächst aus dem mehr oder weniger nachdrücklichen Anlegen beider Beine und der Erhöhung der positiven Spannung in Ihrem Körper, später wird die Veränderung im Bewegungsablauf Ihres Pferdes bereits durch die Veränderung Ihrer Körperspannung bei den Gedanken an „größeren oder kleineren Trab" entstehen.
Achten Sie darauf, beim Leichttraben nicht aktiv „aufzustehen", sondern sich wirklich von der Bewegung des Pferdes leiten zu lassen.
Ihr Bauch muss angespannt sein, was beim Reiten übrigens immer eher Bauchnabel rausstrecken heißt, und Ihre Beine sollten federnd und ohne zu Klemmen am Pferd anliegen.

Da Sie auf einer gebogenen Linie reiten, ist es außerdem sehr wichtig, genau darauf zu achten die äußere Schulter des Pferdes mit dem eigenen äußeren Knie/Oberschenkel zu begrenzen und den äußeren Unterschenkel zu nutzen, um ein Ausfallen der Hinterhand des Pferdes zu verhindern.

In Übung I haben Sie gelernt wie es sich anfühlen sollte, wenn das Pferd gerade läuft – hier können Sie dieses Gefühl nun mit auf die gebogene Linie nehmen. Denn auch auf der gebogenen Linie sollen die Hinterbeine natürlich in die Spur der Vorderbeine treten – und nicht innen oder außen daran vorbei.

Wie bei allen Übungen in diesem Buch geht es um das Beachten der Kleinigkeiten: Sie treiben grundsätzlich mit beiden Beinen, müssen jedoch die Art des Drucks, die Spannung und die Position in jedem Bein einzeln und zu jeder Zeit ändern können, um auf Details im Bewegungsablauf des Pferdes umgehend zu reagieren.

Sie möchten ja erreichen, dass Ihr Pferd Trabtritte einer bestimmten Größe ausführt - an den langen Seiten größer, an den kurzen Seiten kleiner - und Sie wollen dabei möglichst nicht mit dem Zügel einwirken. Das heißt, sie müssen möglicherweise mitten in einem Bewegungsablauf Ihre Oberschenkel fester schließen und sich mehr aufrichten, um die Bewegungen des Pferdes wieder etwas kleiner werden zu lassen oder Sie müssen den Druck der Knie/Oberschenkel wegnehmen und dafür die Spannung im Unterschenkel minimal erhöhen, um dem Pferd die Möglichkeit zu geben, wieder größer zu traben.
Es kann auch sein, dass Sie mit dem inneren Bein treiben müssen und gleichzeitig auch mit dem äußeren, mit diesem aber nur für einen Tritt, um es dann sofort in eine verwahrende Position zu bringen, aus der heraus Sie dennoch auch das äußere Hinterbein des Pferdes zum weiteren Vortreten animieren können.

Keine Sorge: Was sich so kompliziert anhört ist in Wahrheit ganz einfach. Sobald Sie das Gefühl für diese Art der Hilfengebung und der Bewegungen einmal entwickelt haben, machen Sie das ganz automatisch richtig.

Um das Pferd zur kurzen Seite in den langsamen Trab zurückzuführen denken Sie wieder daran Ihre Ohren nach hinten zu nehmen und an einen sehr, sehr langsamen Trab - wie schon in Übung I.
Stellen Sie sich dabei vor, wie die raumgreifenden, großen Bewegungen kleiner werden.
Als Bild im Kopf ist es gut, wirklich an größer und kleiner zu denken und nicht so sehr an schneller und langsamer. Denn das Tempo ändert sich am Ende nur durch die Größe der Bewegung.
Achten Sie penibel darauf, dass Ihr Pferd im Übergang gerade bleibt und nicht „schummelt" indem es beispielsweise mit der Hinterhand ausweicht und achten Sie ebenfalls darauf, dass es nicht „abtaucht" sondern die Nüstern vorne bleiben.
Nach einigen gesetzteren, kleineren Trabtritten geben Sie Ihre zurücknehmende Körperspannung wieder auf und geben dem Pferd so die Freiheit, die Bewegungen wieder zu vergrößern.

Reiten Sie die Übung maximal für 5 Runden auf jeder Hand und üben Sie dann etwas anderes. Sie können zum Ende des Trainings noch einmal auf die Übung zurückkommen und je 2 Wiederholungen reiten
(1 Runde pro Hand), um daraus heraus dann die Zügel aus der Hand kauen zu lassen.

Anfangs sollte diese Übung in einem reellen vorwärts-abwärts geritten werden, später kann sie auch in Aufrichtung ausgeführt werden und bis in einen Wechsel zwischen starkem Trab und Passage oder gar in die Piaffe hinein ausgebaut werden.

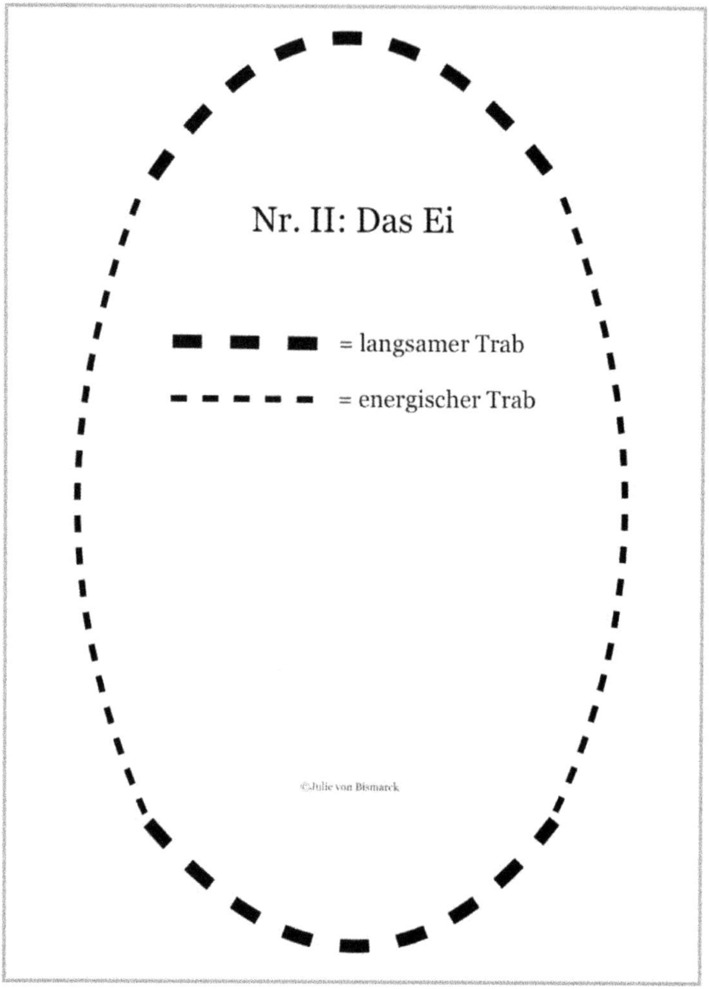
Nr. II: Das Ei
= langsamer Trab
= energischer Trab
©Julie von Bismarck

Übung III: Biegen und Wenden

Diese Übung hilft dabei, das Pferd zu lösen und fördert die Durchlässigkeit, auch die des Reiters, da dieser in den Richtungswechseln sehr sorgfältig die neue Stellung und Biegung einleiten muss. Das mehrmalige Wiederholen der immer gleichen Muster hilft Pferd und Reiter darüber hinaus, sich ganz auf die Bewegungsabläufe und die anstehenden Aufgaben zu konzentrieren.

Und so geht es:
Sie reiten in einem ruhigen aber energischen Arbeitstrab ganze Bahn. Generell würde ich das Leichttraben empfehlen, bei eiligen Pferden oder noch nicht so sicheren Reitern kann aber auch ausgesessen werden. Mitte der langen Seite reiten Sie eine Kehrtvolte und Mitte der kurzen Seite eine Volte, Mitte der langen Seite wieder die Kehrtvolte und so fort.
Wiederholen Sie die Übung insgesamt maximal 10x, so dass Sie 5 Volten auf der rechten Hand geritten sind und 5 auf der linken.
Sollte Ihnen und Ihrem Pferd diese Aufgabe schwerfallen, reiten Sie nach ein paar Wiederholungen auf jeder Hand zweimal in frischem Galopp um die Bahn und beginnen Sie dann auf der anderen Seite der Reitbahn erneut mit dem Muster.
Sie können diese Übung, wie alle anderen, auch „unterwegs“ in ihr normales Training einbauen und die Anzahl der Wiederholungen variieren.

Wie soll es sich anfühlen:

Wir möchten das Pferd am inneren Bein und äußeren Knie mit verwahrender äußerer Wade sauber gestellt und gebogen in die Kehrtvolte reiten, der äußere Unterschenkel verhindert dabei nicht nur ein Ausfallen des Hinterfußes, sondern treibt bereits leicht mit, auf halbem Wege zur Bande wird er zum biegenden und treibenden neuen inneren Bein und das bis dahin innere Bein legt sich verwahrend hinter den Gurt.

Viele Reiter lassen in der Volte das äußere Bein einfach in dieser verwahrenden Haltung liegen, daher ein kleiner Tip: ich habe die Erfahrung gemacht, dass es gerade in Volten häufig sinnvoll sein kann, auch mit dem äußeren Unterschenkel einen kleinen vorwärts Impuls zu geben. Benutzen Sie den inneren und äußeren Unterschenkel in dieser Übung aber auf jeden Fall nur unabhängig voneinander: also inneres Bein, wenn Sie das innere Hinterbein oder mehr Biegung erreichen wollen.
= Impuls, wenn Sie das innere Hinterbein zu energischerem Antreten animieren möchten, Bein geschmeidig anliegen lassen, wenn Sie das Pferd darum herumbiegen möchten.
Und genauso mit dem äußeren Unterschenkel: Impuls, wenn Sie das äußere Hinterbein bewegen möchten, sachte hinter dem Gurt anliegen lassen, wenn Sie verwahrend einwirken möchten (und mit mehr Druck anliegen lassen, wenn Sie das äußere Hinterbein nach seitwärts unter den Pferdekörper treten lassen möchten).

Wie immer gilt auch hier: hören Sie mit Ihrem Körper auf Ihr Pferd und reagieren Sie nur, wenn es wirklich nötig ist.
Versuchen Sie auch in dieser Übung, sich die Wege und Ihre Körperhaltung dazu nur vorzustellen und bleiben Sie, bis auf Ihre konzentrierten Gedanken, passiv – wenn das nicht klappt, können Sie immer noch nachdrücklicher einwirken.

Achten Sie darauf, dass Ihr Becken (die Hüften) und Ihre Schultern zu denen des Pferdes parallel bleiben, das bedeutet, Sie müssen in der Kehrtvolte auf der rechten Hand zunächst die rechte Schulter zurück nehmen und die rechte Hüfte vorschieben, dann kurz geradeaus sitzen und dann die linke Schulter zurücknehmen und die linke Hüfte vorschieben.
Gucken Sie sich den Schultergürtel Ihres Pferdes an und schauen Sie, ob Ihre Schultern parallel dazu sind. Dann machen Sie das gleiche mit dem Becken, wobei Sie das nur erfühlen können.
Auf der gebogenen Linie kommt die innere Hüfte des Pferdes weiter vor als die äußere und das sollte bei Ihnen ebenfalls der Fall sein, damit Sie das Pferd nicht in der Biegung blockieren.
Versuchen Sie, in der Wendung mit dem inneren Bein den Bauch des Pferdes zum Anheben zu animieren, so dass er das innere Hinterbein nicht am Vortreten hindert.
Sie wollen den Bauch mit dem Bein nach oben schicken, damit er „aus dem Weg ist". Dieses Bild hilft bei der korrekten Anwendung der Schenkelhilfe und kann zwischendurch gerne auch mal am äußeren Bein genutzt werden.

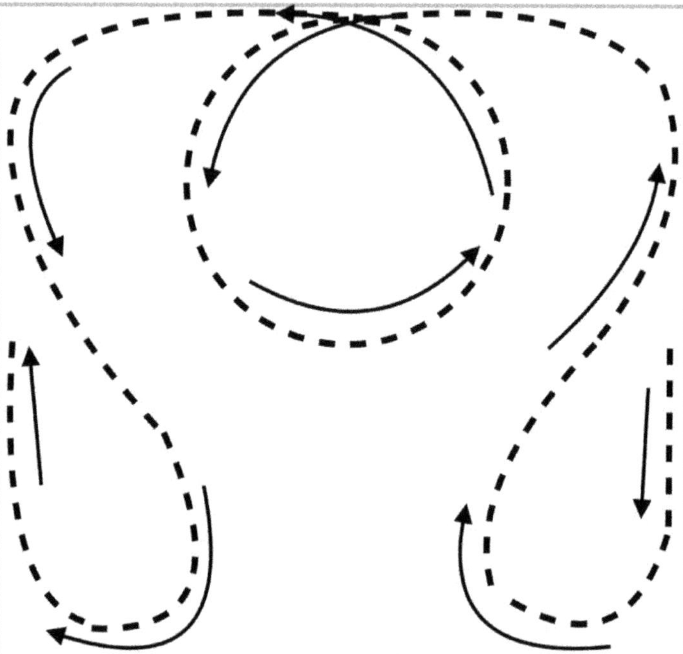

- - - - = ruhiger, energischer Arbeitstrab

Nr. III: Biegen und Wenden

Übung IV: Das Quadrat I

In dieser Übung geht es um das Wenden der Schultern/Vorhand des Pferdes, eine der wichtigsten Grundvoraussetzungen für ein gerades Pferd und gleichzeitig eine der schwierigsten Anforderungen an den Reiter.
Das Gefühl für die einzelnen Schultern des Pferdes zu entwickeln und wie der Körper des Reiters sich verhalten muss, um diese unabhängig voneinander zu steuern, ist, neben dem beschleunigen und verlangsamen des Pferdes, eine der wichtigsten Grundlagen für feines Reiten. Wenn Sie herausgefunden haben wie Sie die Vorhand des Pferdes (und damit auch Hals und Kopf) ohne den Gebrauch der Zügel in verschiedene Richtungen dirigieren können, so wie Sie es in Übung I und II bereits mit den Übergängen zwischen zwei verschiedenen Gangarten und innerhalb einer Gangart gelernt haben, sind Sie im Grunde schon fast in der Lage auch gänzlich ohne Zügel reiten zu können.
Was nicht bedeutet, dass Sie das tun sollen, es gibt einem als Reiter nur ein neues Gefühl von Freiheit, wenn man spürt, dass man die Zügel kaum noch benötigt und es ist natürlich ein großer Schritt in der Vorbeugung von Blockaden, Schäden und Schmerzen im Pferd.

Es geht bei dieser Übung besonders um die Genauigkeit der Schritte und die Konzentration von Reiter und Pferd mit dem Ziel einer sehr präzisen Feinabstimmung und Kommunikation. In der Endausführung sollten die exakten Schrittzahlen genau eingehalten und in jeder Ecke sauber um ein Viertel auf der Hinterhand gewendet werden - und der Reiter sollte dafür letztlich kaum noch oder gar keine Zügelhilfen mehr benötigen. Wir verzichten bei unserer Hinterhandwendung allerdings erst einmal auf Stellung und Biegung und lassen den Hals so gerade wie möglich, reiten es also etwas anders als in der „klassischen Hinterhandwendung".

Abgesehen von der Verbesserung der Feinabstimmung zwischen Reiter und Pferd wird in dieser Übung die Hinterhand des Pferdes zur Lastaufnahme animiert sowie die Vorhand mobilisiert und der Reiter genötigt, nur aus seinem Sitz heraus die Schulter des Pferdes zu steuern – etwas, das vielen Reitern sehr schwerfällt.
Die meisten Reiter versuchen, dies mit den Zügeln zu errreichen.

Und so geht es: Sie reiten auf einem Quadrat in der Mitte der Bahn, welches Sie sich am besten mit Hütchen markieren. Zur noch besseren Orientierung und Hilfestellung können Sie sich anfangs ein etwas größeres Quadrat aus Stangen hinlegen, an welchem Sie innen entlang reiten, vielen Reitern hilft das, besonders bei der Hinterhandwendung, weil es eine visuelle Grenze darstellt.
Reiten Sie an der ersten Seite Ihres Quadrates 10-12 Schritte Schritt und halten Sie vor der nächsten Stange an. Zählen Sie langsam 21,22,23 und bestehen Sie darauf, dass Ihr Pferd in dieser Zeit wirklich stillsteht. Dann leiten Sie die Hinterhandwendung ein, indem Sie die äußere Schulter des Pferdes wenden.

Ihr inneres Bild sollte hier zunächst ein Pferd mit einem geraden Hals sein, als wären Hals und Schultern eine Einheit, die es ohne Stellung oder Biegung zu wenden gilt. (Beides können Sie später hinzunehmen, wenn es gut klappt und sollte Ihr Pferd dies bereits von Anfang an anbieten spricht natürlich nichts dagegen, es ist aber einfacher zunächst mit dem „geraden Hals“ zu arbeiten.)

Reiten Sie an, verstärken Sie dabei den Druck Ihres äußeren Oberschenkels, nehmen gleichzeitig den des inneren Oberschenkels weg und legen beide Waden an, um das Pferd antreten zu lassen.

Mit dem äußeren Unterschenkel unterstützen Sie verwahrend Ihren äußeren Oberschenkel/das äußere Knie in der Wendung der äußeren Schulter des Pferdes, in dem Sie quasi den Brustkorb mitwenden. Mit dem inneren Unterschenkel geben Sie, wenn nötig, weitere Impulse, um das Pferd flüssig aber ohne zu eilen herumtreten zu lassen.
Stellen Sie sich vor Ihrem inneren Auge vor, dass Ihre Schultern mit denen des Pferdes parallel bleiben – im Fall des „geraden Halses“ sollten Sie also Ihren gesamten Schultergürtel als Einheit aus der Brustwirbelsäule heraus in die Bewegungsrichtung drehen. Ihr Becken bleibt dabei ziemlich gerade, sie haben also eine Drehung in der Brustwirbelsäule.

Wenn Sie die Stellung und Biegung hinzunehmen, würden Sie Ihre innere Schulter zurücknehmen und die innere Hüfte etwas vorschieben, Ihrem inneren Unterschenkel kommt dann noch mehr die Aufgabe des Biegens und der Kontrolle des inneren Hinterbeines zu,

um ein Ausweichen nach innen zu verhindern, Ihr äußeres Bein unterstützt dann ebenfalls diese Biegung und liegt dafür als Ganzes etwas fester am Pferd.
Sie sehen auch an diesem Beispiel wieder: Reiten ist Konzentration auf winzige Kleinigkeiten! Das Pferd reagiert auf den Körper (und die Gedanken) des Reiters, es liegt also allein in dessen Verantwortung so präzise einzuwirken, dass das Pferd „richtig" reagiert.

Sollte diese Hilfengebung anfangs noch nicht genügen, um Ihr Pferd zu veranlassen mit der Vorhand um die Hinterhand herum zu treten, legen Sie zur Unterstützung eine Gerte an die äußere Schulter des Pferdes. (Nur anlegen oder ggfs. kurz antippen, selbstverständlich niemals mit der Gerte schlagen.)
Sobald Ihr Pferd die Aufgabe verstanden hat legen Sie die Gerte zurück auf die Bande oder den Zaun und üben ohne diese Unterstützung und mit dem geringst möglichen Druck weiter.

Machen Sie nicht den Fehler, das Pferd am inneren Zügel herumziehen zu wollen oder es mit dem äußeren Zügel herum zu drücken.
Denken Sie am besten gar nicht an die Zügel, sondern konzentrieren Sie sich ausschließlich auf Ihren Sitz.
Stellen Sie sich vor, Ihnen wären beide Zügel gerissen und Sie müssten Ihr Pferd ohne Zügel quasi auf der Stelle wenden.

Wenden Sie das Pferd nur um ein Viertel, so dass es mit dem Kopf in die neue Bewegungsrichtung auf der zweiten Linie des Quadrates steht. Um zu verhindern, dass es weiterdreht, müssen Sie den Druck Ihres inneren

Knies/Oberschenkels verstärken und den des äußeren Knies/Oberschenkels verringern sowie die treibenden Hilfen einstellen und die Unterschenkel einfach locker am Pferd anliegen lassen, um ein korrektes Halten zu erreichen.
Halten Sie erneut, dieses Mal nur für ein „21“ und reiten Sie wieder an.
Verfahren Sie so bis Sie das Quadrat 1x umrundet haben, dann wechseln Sie die Hand.
Sie werden sehr wahrscheinlich feststellen, dass Ihnen oder Ihrem Pferd die Übung auf einer Hand leichter fällt – lassen Sie sich dadurch nicht dazu verleiten, sie auf der schlechteren Hand häufiger durchzuführen.
Nochmals zur Erinnerung: Reiten Sie alle Übungen stur weiter gleichmäßig auf beiden Händen und versuchen Sie das gute Gefühl von der besseren Hand auf die schwierigere mitzunehmen.

Reiten Sie die Übung maximal 6 Runden, also 3 auf jeder Hand.

Nr. IV: Das Quadrat I

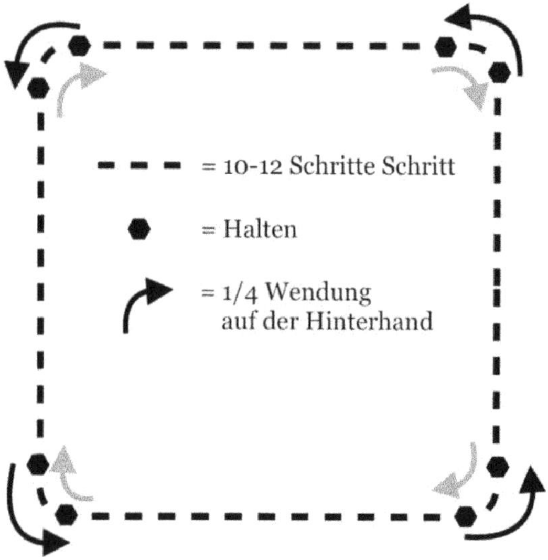

Übung V: Das Quadrat II

In dieser Übung geht es wie in der vorigen besonders um die Genauigkeit der Schritte und die Konzentration von Reiter und Pferd mit dem Ziel einer sehr genauen Feinabstimmung und Kommunikation.
In der Endausführung sollten die exakten Schrittzahlen genau eingehalten werden und in jeder Ecke sauber um ein Viertel auf der Vorhand gewendet werden, der Reiter sollte dafür dann keine Zügelhilfen mehr benötigen.
Nebenbei wird durch diese Übung die Hinterhand des Pferdes mobilisiert, ebenso wie die Hüftgelenke, das Becken und die Kreuzdarmbeingelenke.
Es ist außerdem eine hervorragende Übung, um ein „auf die Hand legen“ des Pferdes aus der Welt zu schaffen und die Unabhängigkeit des Reiters von der Zügelhilfe zu verbessern.

Sollten Sie sich ein „Hilfsquadrat“ aus Stangen hingelegt haben müssen Sie nun außen daran entlang reiten.

Und so geht es: Sie reiten im Schritt auf Ihrem Quadrat, wie in Übung III 10 -12 Schritte Schritt und halten. Sie zählen wieder 21,22,23 und achten darauf, dass Ihr Pferd wirklich stillsteht. Nun reiten Sie eine Viertelwendung auf der Vorhand, indem Sie sich aufrichten und an „stehenbleiben“ denken (wie beim Anhalten) und gleichzeitig mit dem inneren Unterschenkel die Hinterhand des Pferdes nach außen drücken. Wichtig ist, das eigene äußere Bein währenddessen mit Gefühl anliegen zu lassen und das Kreuz vermehrt anzuspannen, um ein Vortreten des

Pferdes zu verhindern. Anfangs dürfen Sie dafür auch noch die Zügel nutzen, bis Ihr Pferd und Sie die richtige Abstimmung gefunden haben.

In der Regel dauert es nicht lange, bis die Reiter in der Lage sind, die Vorhandswendung auch ohne Zügel korrekt auszuführen. Das ist dann der Moment, in dem Sie die Zügel wieder aufnehmen dürfen, denn dann benutzen Sie sich nicht mehr als Hilfe, sondern nur noch als Begleitung dessen, was Ihr Körper tut.

Nr. V: Das Quadrat II

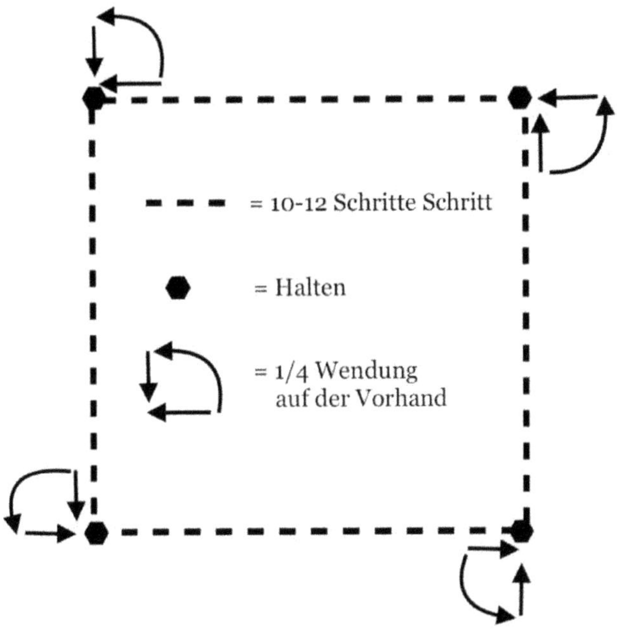

Übung VI: Das Quadrat III

In dieser Übung werden die beiden vorigen zusammengeführt, mit der kleinen Abwandlung, dass statt einer Viertelwendung auf der Hinterhand ein Kurzkehrt geritten wird.
Der Wechsel zwischen Halten und Wenden und der Wendung in der Bewegung ist hierbei von besonderer Bedeutung.
Das Quadrat III sollte erst dann mit in das Training aufgenommen werden, wenn Pferd und Reiter Quadrat I und II sicher beherrschen.
In dieser Übung verbinden wir nun die Genauigkeit des Haltens und daraus Wendens mit der aus der Bewegung heraus fließenden Viertelwendung der Vorhand um die Hinterhand.

Ziel der Übung ist die Steigerung der Aufmerksamkeit des Pferdes, der Konzentration des Reiters auf seine bewusste Hilfengebung und der Mobilisation der Vor- und Hinterhand des Pferdes. Auch hier sind bei fortschreitendem Lernerfolg irgendwann keine Zügelhilfen mehr erforderlich.

Und so geht es: Sie reiten wieder auf besagtem Quadrat (Stangen gehen jetzt nicht mehr, aber Sie können sich Pylone in die Ecken stellen), parieren Ihr Pferd nach 10 Schritten Schritt zum Halten, zählen 21,22,23 und reiten dann wie beschrieben eine Viertelwendung auf der Vorhand, nach der Sie das Pferd nochmals kurz stehen lassen. Nun reiten Sie im Schritt wieder an und wenden nach 10 Schritten für die nächste Ecke die Schulter/Vorhand des Pferdes um die Hinterhand

herum. Die Hinterbeine treten dabei mehr oder weniger auf der Stelle, während die Vorderbeine kreuzend einen Viertelkreis beschreiben.
Für diese Viertelwendung der Vorhand nutzen Sie im Grunde die gleichen Hilfen wie bei der Wendung auf der Hinterhand, nur dass Sie den Fluss der Bewegung nicht unterbrechen möchten.
Sprich: Sie möchten die Viertelwendung der Vorderbeine um die auf der Stelle tretenden Hinterbeine in den Bewegungsablauf integrieren und direkt im Anschluss im Schritt weiterreiten. Bis zur nächsten Ecke, wo Sie wieder Halten und auf der Vorhand wenden.

Für das Kurzkehrt denken Sie wieder daran, die äußere Schulter des Pferdes wenden zu wollen. Auch hier ist es wieder ganz wichtig, dass Sie nicht versuchen das Pferd mit dem inneren Zügel herum zu ziehen.
Versuchen Sie, sich den Hals des Pferdes erst einmal als ganz gerade vorzustellen – die Stellung kann man später jederzeit dazu holen. Es ist viel einfacher die Schulter zu wenden, wenn das Pferd dabei einen geraden Hals hat oder sogar minimal nach außen gestellt ist.

Wenn Sie auf die Kurzkehrt-Ecke zukommen, verlagern Sie Ihren Schwerpunkt bereits circa 3 Schritte zuvor etwas nach hinten auf das Steißbein, spannen Sie das Kreuz an um Ihr Pferd aufmerksam zu machen und lassen Sie die Beine locker hängen. Um die Wendung einzuleiten, erhöhen Sie wieder den Druck auf dem äußeren Knie/Oberschenkel und verringern gleichzeitig den auf dem inneren, nehmen den äußeren

Unterschenkel verwahrend hinzu und treiben mit dem inneren locker vorwärts.
Durch eine mehr oder weniger hohe Spannung Ihres Kreuzes können Sie sehr leicht die Geschwindigkeit bestimmen: achten Sie darauf, dass Ihr Pferd fließend wendet, aber nicht eilt.
Ich zähle immer mit, das hilft mir auf jeden Schritt zu achten. Je nachdem wie groß/klein Ihr Pferd ist und wie raumgreifend sein natürlicher Bewegungsablauf, werden das unterschiedlich viele Schritte sein. Aber wenn Sie zwei Viertelwendungen geritten sind, wissen Sie es und können mitzählen.
Reiten Sie das Kurzkehrt anfangs lieber etwas „größer“ als Ihr Pferd zu sehr zu verhalten.

Ihr Bild: Wir möchten auf kleinstem Raum um eine Ecke reiten und wenden dafür die äußere Schulter des Pferdes mit relativ geradem Hals um die auf der Stelle tretende Hinterhand herum.
Die Hinterhand mit dem inneren Bein in Bewegung zu halten ist dabei sehr wichtig, da sie unser Motor ist und wir sofort nach der Ecke fließend weiterreiten möchten.

Nr. VI: Das Quadrat III

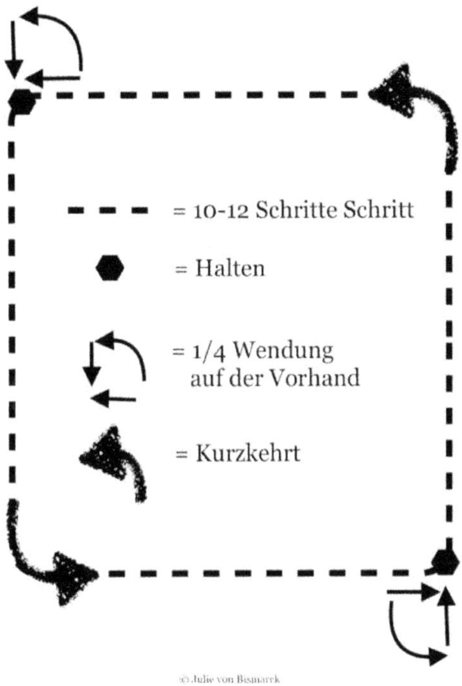

Übung VII: Ausrichten

Ziel dieser Übung ist es, an der Abstimmung zwischen Reiter und Pferd zu arbeiten und beiden ein Gefühl davon zu geben, wann Pferd und Reiter tatsächlich aufeinander ausgerichtet und gerade sind. Alle Pferde haben eine sogenannte hohle und eine feste Seite, das weiß jeder Reiter.
Allerdings haben Menschen ebenfalls meist eine solche stärkere und schwächere Seite und sind häufig ebenso in sich „schief", ohne es zu merken, wie das Pferd.
Es geht also nicht nur darum, die natürliche Schiefe des Pferdes zu bearbeiten, sondern auch die des Reiters.

Diese Übung war schon in den Reitstunden meiner Großmutter die Beliebteste, um jedes Pferd innerhalb weniger Minuten deutlich gerader werden zu lassen. Sie werden erstaunt sein, wie wenig Runden pro Hand erforderlich sind um ein deutlich geraderes Pferd und Sitzgefühl zu haben.

Und so geht es:
Sie reiten in einem ruhigen aber energischen Trab ganze Bahn, traben Sie dabei ruhig leicht.
Reiten Sie tief in die Ecke hinein und nehmen Sie die Stellung aus der Ecke mit auf die lange Seite.
Schieben Sie dafür mit Ihrem äußeren Oberschenkel und Knie die äußere Schulter des Pferdes minimal nach innen und treiben Sie weiter mit der inneren Wade.
Das innere Knie liegt locker aber ohne Druck am Pferd, um die äußere Schulter nach innen zu lassen.

Achten Sie darauf, dass Ihnen das äußere Hinterbein nicht ausweicht, welches Sie mit Ihrem äußeren Unterschenkel steuern.
Ihre Schultern müssen sich wieder entsprechend mitdrehen, heißt: äußere Schulter minimal nach „innen" denken – was zwar ein Vorschieben der Schulter beinhaltet, aber eine andere Bewegung erzeugt, wenn man sich vorstellt, man würde seine Schulter exakt parallel zu der des Pferdes bewegen und ausrichten.
Tun Sie also genau das und bewegen Sie Ihren gesamten Schultergürtel dabei, als hätten Sie einen Kleiderbügel im Hemd stecken.

Ganz wichtig: in dem Moment, in dem Ihr Kleiderbügel-Schultergürtel sich nach innen dreht, muss Ihr Becken gerade bleiben. Die Hinterhand des Pferdes läuft weiter geradeaus, also bleibt auch Ihr Becken gerade – parallel zu dem des Pferdes.

Nehmen Sie lieber ein Bisschen weniger Stellung und stellen Sie das Pferd nie weiter ab als maximal 30°.

Am besten kontrollieren Sie, ob Sie das innere Hinterbein zwischen den Vorderfüßen auffußen sehen - denn dann ist es richtig.
Haben Sie einen Spiegel an der kurzen Seite nehmen Sie den, haben Sie keinen, bitten Sie eine Person von unten (von vorne) zu schauen.

Vor der Ecke der kurzen Seite nehmen Sie den Druck des äußeren Oberschenkel/Knies weg, den verwahrenden Unterschenkel lassen Sie wie er ist, reiten erneut tief in die Ecke und wenden dann vor der nächsten Ecke auf den zweiten Hufschlag ab.

Hier müssen Sie ziemlich vorausschauend reiten, denn das sind nur ein paar Trabtritte. Auf dem zweiten Hufschlag der nächsten langen Seite angekommen reiten Sie Ihr Pferd ins Konterschulterherein.

Das heißt, Sie schieben die ehemals innere Schulter des Pferdes mit Ihrem ehemals inneren Oberschenkel/Knie nach außen, verwahren das ehemals innere Hinterbein mit dem gleichseitigen Unterschenkel und treiben mit dem ehemals inneren, jetzt äußeren Bein nach.

Ihr Schultergürtel dreht sich jetzt also parallel zu den Schultern des Pferdes nach außen, Ihr Becken bleibt gerade – denn die Hinterhand des Pferdes bleibt ebenfalls gerade auf dem zweiten Hufschlag.

Auch hier kontrollieren Sie sich und das Pferd am besten im Spiegel oder lassen eine Person am Boden schauen. Vor der nächsten Ecke richten Sie Ihre Schultern und die Vorhand des Pferdes wieder auf seine Hinterhand aus, reiten bis auf den Hufschlag zurück und beginnen von vorne.

Reiten Sie jeweils 5 Runden pro Hand, idealerweise in der Aufwärmphase. Wann immer Sie während des Trainings das Gefühl haben, einer von Ihnen wird wieder schief, können Sie jederzeit ein, zwei Runden einbauen.

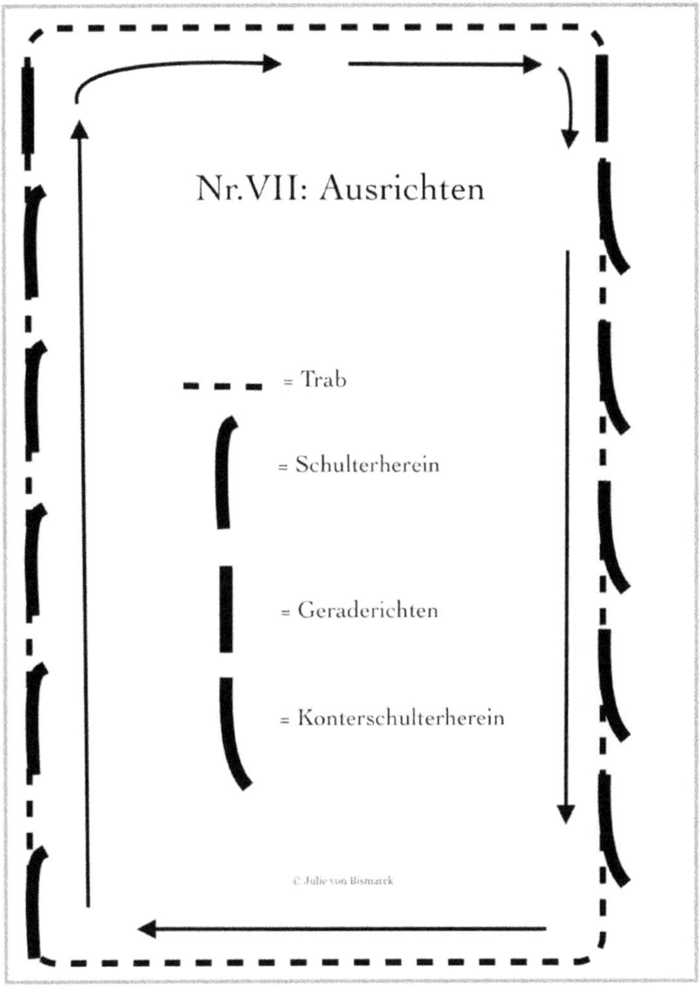
Nr.VII: Ausrichten
= Trab
= Schulterherein
= Geraderichten
= Konterschulterherein
© Julie von Bismarck

Übung VIII: Seitwärts

Nachdem wir nun an der Feinabstimmung beim Geradeausreiten, dem Wenden der Schulter, der Vorhand und der Hinterhand gearbeitet haben, wollen wir uns den Seitengängen zuwenden.

Ziel dieser Übung ist das schnellere und leichtere Reagieren des Pferdes auf die vorwärts-seitwärtsweisende Schenkel- und Gewichtshilfe sowie die Sensibilisierung des Reiters für das eigene Gleichgewicht und die eigene Aufrichtung, denn fast nirgendwo werden Sitzfehler und Schiefe des Reiters so deutlich wie im (langsamen) Seitwärts.
Die Übung mobilisiert darüber hinaus die Wirbelsäule des Pferdes und des Reiters.

Und so geht es:
Sie reiten im flotten Schritt am langen Zügel ganze Bahn auf einer Hand. Vor der kurzen Seite parieren Sie (ohne Zügel, wie bereits gelernt) in einen langsamen Schritt und konzentrieren sich wie in Übung I auf jeden einzelnen Schritt des Pferdes.
Mitte der kurzen Seite wenden Sie auf die Mittellinie ab und reiten von dort seitwärts zur Mitte der langen Seite zurück, so dass Sie die Hand wechseln. Auf dem Hufschlag angekommen reiten Sie wieder flott geradeaus und wiederholen das Ganze auf der anderen Hand.

Ziel ist es das Pferd im Seitwärts möglichst gerade zu lassen, es also nicht zu stellen oder zu biegen, sondern

einfach nur vorwärts-seitlich und sehr langsamen Schrittes zu verschieben.
Je stabiler Ihr Pferd dabei gerade bleibt – besonders im Hals - desto besser.
Stellen Sie sich vor, Sie säßen auf einem Brett mit 4 Beinen und diese 4 Beine müssen nun so kreuzen, dass Sie am Hufschlag wieder ankommen.

Damit das gelingt ist ein Einrahmen des Pferdes unerlässlich: nehmen Sie die Zügel anfangs gleich lang auf (später sollte auch diese Übung ohne den Einsatz der Zügel ausgeführt werden können), drehen Sie Ihre Schultern minimal in die Bewegungsrichtung und schauen Sie auf den Punkt, an dem Sie landen wollen.
Achten Sie darauf, dass Ihre Hüften sich nicht mitdrehen – nochmal zur Erinnerung: wir möchten unsere Schulter und Hüften stets möglichst parallel zu denen des Pferdes ausrichten und das bedeutet fast immer, dass Hüften und Schultern eine gegensätzliche Bewegung ausführen.

Beispiel: Sie reiten rechte Hand auf dem Zirkel. Die linke Schulter Ihres Pferdes ist weiter vorne als die rechte. Gleichzeitig ist jedoch die rechte Hüfte weiter vorne als die linke. Was für Sie bedeutet: Sie müssen Ihre rechte Schulter zurücknehmen und Ihre rechte Hüfte vorschieben.
Ich finde es ist einfacher sich die Bewegung so vorzustellen als wolle man seine äußere Schulter und seine innere Hüfte eine Ebene nach vorne verschieben, so dass diese beiden sich auf eben dieser Ebene „treffen" - während die innere Schulter und die äußere Hüfte auf der „neutralen" vorigen Ebene bleiben.

Dieser Vorgang führt zu einer Drehung in Ihrer Wirbelsäule und kann daher nur zufriedenstellend ausgeführt werden, wenn die Wirbelsäule des Reiters gut beweglich gehalten wird.
Dafür empfehlen sich diverse Yoga und Dehnungsübungen, die überall (auch speziell für Reiter) zu finden sind.
Diese Drehung findet übrigens nicht nur in der Wirbelsäule des Reiters sondern (auf einer anderen Ebene, da horizontal) auch in der des Pferdes statt.
Das hier im Detail zu beschreiben würde leider den Rahmen dieses Buches sprengen, aber ich möchte es zumindest erwähnen, um noch einmal ein Bewusstsein dafür zu schaffen, dass ein Pferd welches sich nicht biegt nicht notwendiger Weise „unrittig" ist, sondern möglicherweise schlicht unter Einschränkungen der Beweglichkeit und Schmerzen im Rücken leidet.
(Bei Interesse können Sie zu diesen Verknüpfungen mehr lesen in meinem Buch „Zusammenhänge im Pferd".)

Zurück zu unserer Übung:
Beispiel: Sie reiten in flottem Schritt linke Hand, verlangsamen die Schritte, wenden auf die Mittellinie ab indem Sie Ihr rechtes Knie/Oberschenkel vermehrt anlegen, auf diese Weise die rechte Schulter des Pferdes wenden und mit dem rechten Unterschenkel gleichzeitig dafür sorgen, dass das rechte Hinterbein ordentlich in die Spur des Vorderbeines fußt und nicht ausweicht.
Mit beiden Beinen halten Sie mit dem geringst möglichen Druck das Vorwärts aufrecht. Auf der Mittellinie angelangt reiten Sie 3 - 4 Schritte geradeaus und drehen dann Ihren Oberkörper minimal nach links.

Und zwar wirklich nur minimal, ungefähr bis zum 7. Brustwirbel. Achten Sie darauf, Ihre Hüften/Ihr Becken ganz gerade verankert zu lassen – wir möchten unser Pferd ja so gerade wie möglich halten.
Mit dem linken Bein treiben Sie Ihr Pferd nun am Gurt vorwärts und mit dem rechten seitwärts, indem Sie es etwas nach hinten legen. Um das Pferd möglichst gerade zu halten empfiehlt es sich außerdem, den Druck der Knie/Oberschenkel wegzunehmen und beide Beine so locker wie möglich anliegen zu lassen. So hat man die Möglichkeit jederzeit korrigierend einzugreifen, in dem man die Schultern des Pferdes mit Hilfe des einen oder anderen Knies/Oberschenkels wieder ausrichtet.
Denken Sie sich, dass Sie die Vorhand inklusive Hals und Kopf gerade vor sich haben möchten und die Beine des Pferdes quasi nebenbei und vollkommen unabhängig, ohne jede Stellung oder Biegung unter sich kreuzen lassen.

Reiten Sie diese Übung so langsam wie möglich, wirklich in Zeitlupe. Sie werden feststellen, dass diese Art des Seitwärts sehr viel schwieriger ist als beispielsweise eine Trabtraversale, denn sobald das Pferd gestellt und gebogen ist und ohnehin bei jeder Erhöhung des Tempos, lassen sich kleine Fehler und Defizite sehr leicht kaschieren.
Und genau das wollen wir ja nicht – wir arbeiten immer noch konzentriert an den Details.

Sollte Ihr Pferd das langsame Seitwärts zum Anlass nehmen, auch den Rest der Schrittstrecken in einem geruhsamen Tempo zurücklegen zu wollen, verlängern Sie den flotten Schritt am langen Zügel gerne zwischendurch um eine lange Seite und beginnen erst auf der gegenüberliegenden kurzen Seite wieder mit der Übung.

Bei allen Pferden, denen ein freier, flotter, lockerer Schritt grundsätzlich schwerfällt empfiehlt es sich, diese Übung von vornherein so zu reiten.

Also einmal seitwärts, langer Zügel Schritt vorwärts bis zweite kurze Seite und erst dann wieder auf die Mittellinie abwenden.

Fordern Sie Ihr Pferd dabei abwechselnd mit beiden Beinen auf, größere Bewegungen auszuführen und achten Sie dabei unbedingt auf einen klaren Viertakt – heißt: wenn Sie merken dass Ihr Pferd zu eilen beginnt, holen Sie es zurück in einen langsameren Bewegungsablauf, indem Sie es mit Ihren Knien/Oberschenkeln mäßigen, Ihren Schwerpunkt minimal nach hinten verlagern und gegebenenfalls Ihr Kreuz anspannen.

Also Ohren nach hinten bringen aber nicht zu viel, denn da Ihr Pferd inzwischen gelernt hat, auf diese Hilfe hin durchzuparieren (Übung I) kann es passieren, dass es plötzlich steht.

Das werden Sie aber schnell merken und leicht herausfinden, welche Dosierung für Ihr Pferd die Richtige ist. Damit sind Sie – auch wenn es vielleicht banal scheint – schon wieder einen großen Schritt weiter in Richtung Feines Reiten und Kommunikation mit Ihrem Pferd.

Wie alle Übungen reiten Sie auch diese Übung gleichmäßig auf beiden Händen.

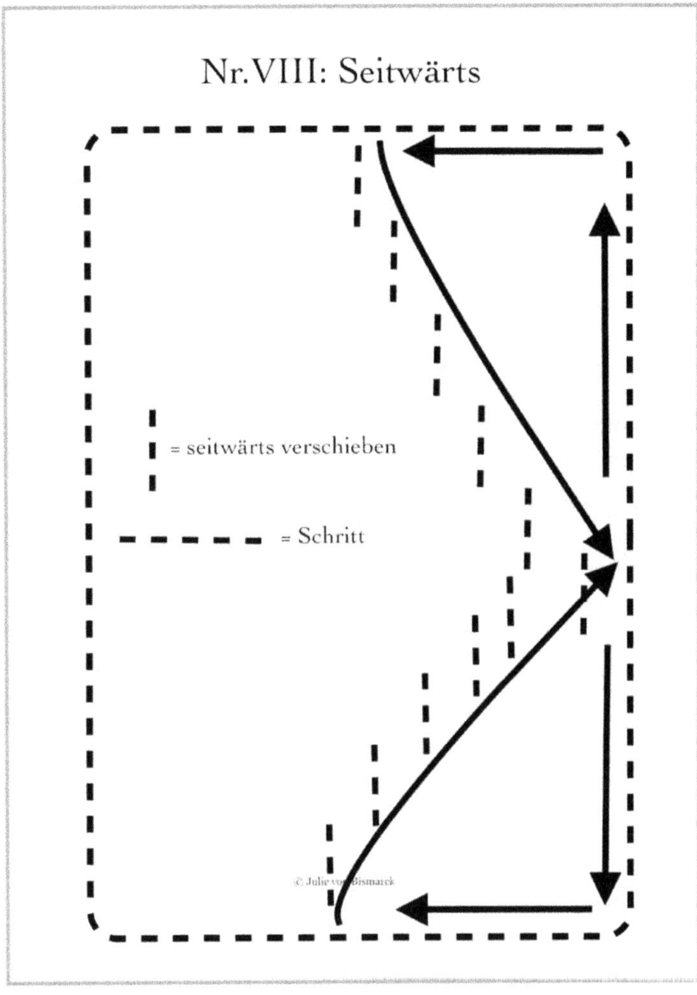
Nr.VIII: Seitwärts
= seitwärts verschieben
= Schritt
© Julie von Bismarck

Übung IX: Übergänge durch Gedanken

Dies ist die erste unserer Übungen in der wir den Galopp hinzunehmen. Da einige Reiter vor dieser Gangart mehr Respekt haben als vor Trab oder Schritt, möchte ich vorher ein paar Worte dazu schreiben.

Der Galopp ist die Gangart, in der ein Pferd flieht.
Er kann – je nach Pferd – außerordentlich schnell werden und sich „unkontrolliert" anfühlen.
Die Grenze zu tatsächlicher Unkontrolliertheit ist manchmal schmal, denn ein Pferd kann im Galopp jederzeit durch irgendetwas erschrecken und die Flucht ergreifen, sprich: noch viel schneller galoppieren.
Ist das der Fall agiert das Pferd im Fight or Flight Modus und wie schon besprochen blendet das Pferd seine Umgebung, inklusive Reiter, in diesem Zustand aus.

Nur: das kann genauso gut aus dem Schritt oder Trab heraus passieren.

Die Vorstellung, dass diese Gefahr im Galopp größer sei, ist in den meisten Fällen also eher nur im Kopf der Reiter real.
Aber: es gibt viele Pferde, denen das „langsame" Galoppieren erst einmal schwerfällt und das gilt durchaus nicht nur für junge Pferde, denn wenn das Pferd den kontrollierten langsamen Galopp nicht erlernt und trainiert hat, kann das natürlich auch bei einem älteren Pferd noch der Fall sein.

Dies in Verbindung mit einem eher unsicheren Reiter führt dann häufig dazu, dass der Galopp tatsächlich eher unkontrolliert wird und viele Reiter dann zu allem Unglück auch noch zu klemmen beginnen, aus Angst herunterzufallen.

Bevor Sie also mit dieser Übung beginnen:
machen Sie sich bewusst, dass Ihr Pferd Ihnen nicht automatisch weglaufen wird, nur weil Sie angaloppieren.

Galopp ist genauso eine Gangart wie Trab oder Schritt und ein genauso normaler Teil des täglichen Trainings. Denken Sie bei dieser Übung vor dem Angaloppieren außerdem an einen Zeitlupen-Galopp und sitzen Sie entsprechend ruhig und losgelassen im Pferd.

Ziel dieser Übung ist ein fließender Wechsel zwischen Galopp und Trab, der letztlich nur noch durch den Gedanken an die jeweilige Gangart eingeleitet wird.
Wie alle unsere Übungen dient auch diese der Erhöhung der Aufmerksamkeit des Pferdes auf die Reiterhilfen und der Entwicklung größerer Leichtigkeit beim Reiten. Gleichzeitig fördert sie die Losgelassenheit und die Schwungentwicklung des Pferdes, stärkt die Bauchmuskulatur und damit den Rücken und die Tragkraft.

Damit all diese positiven Effekte einsetzen können, ist eine korrekte Umsetzung besonders wichtig. Begonnen werden sollte diese Übung im besten Fall mit einem locker aus dem Widerrist nach vorne unten fallenden Hals, die Nüstern bleiben stets der vorderste Punkt des

Pferdes. Wenn Sie ein Pferd haben, das sich beim Angaloppieren heraushebt, wird dieses die erste zentrale Stelle sein, an der sie arbeiten müssen – aber keine Sorge, das gibt sich nach einigen Trainingseinheiten. (Vorausgesetzt Ihr Pferd hat keine körperlichen Einschränkungen, die Schwierigkeiten beim Galoppieren verursachen.)

Wenn die Übung in einem reellen vorwärts-abwärts sicher klappt kann sie auch in mehr Aufrichtung und verkürzten Intervallen geritten werden und dient dann der Versammlung des Pferdes.

Und so geht es:
Sie reiten auf einem großen Zirkel und beginnen die Übung im Trab, zu Beginn auch gerne erst einmal im Leichttraben. Ich bevorzuge meist den Mittelzirkel aber wenn Sie sich sicherer damit fühlen „in die kurze Seite hinein" anzugaloppieren, können Sie selbstverständlich auch einen der anderen beiden Zirkel wählen.

Der Trab sollte locker aber nicht schnell sein.
Nun suchen Sie sich einen exakten Punkt an dem Sie angaloppieren wollen, zum Beispiel einen Zirkelpunkt, denken einige Trabtritte vorher bereits an Galopp, und richten sich auf in dem Sie Spannung in Ihren Bauch und Oberkörper bringen (der Bauch wird dabei eher „herausgestreckt" als eingezogen, auch wenn das für die Frauen unter uns ungewohnt ist...).
Lassen Sie das äußere Knie und den Oberschenkel mit leichtem Druck am Pferd anliegen und umfassen mit dem äußeren Unterschenkel etwas hinter dem Gurt den

Pferdebauch (nicht klemmen, nur mit leichtem Druck geschmeidig anlegen/"umfassen").
Mit dem inneren Unterschenkel geben Sie nun die Galopphilfe, ich nenne das „am inneren Bein angaloppieren".
Dafür nehmen Sie den Druck von Ihrem inneren Oberschenkel und Knie weg (nur den Druck, nicht das Knie/den Oberschenkel vom Sattel wegdrehen), um die innere Schulter und das Vorgreifen des Vorderbeines beim Angaloppieren nicht zu blockieren und geben mit dem inneren Unterschenkel einen Impuls.
Lassen Sie das äußere Bein wirklich nur verwahrend am Pferd anliegen und galoppieren Sie mit dem inneren Bein in ruhigem Tempo an.

Galoppieren Sie 6-8 Galoppsprünge, bleiben Sie dabei möglichst locker sitzen und parieren Sie gelassen wieder durch zum Trab, wofür Sie die Oberschenkel/Knie schließen, die Ohren nach hinten nehmen und ausatmen. Anfangs können Sie das Durchparieren selbstverständlich mit einer Parade am Zügel unterstützen, die Hand muss dann allerdings umgehend wieder vorgehen, um Platz zu machen für die Trabtritte. Nach einer viertel Runde galoppieren Sie wieder an wie oben beschrieben.

Sie können die Anzahl der Galoppsprünge und Trabtritte beliebig variieren – je nach Pferd kann es sich empfehlen, mehr oder weniger kurze Abstände zu wählen.

Sollten Sie und Ihr Pferd mit dem ruhigen Galopp noch Schwierigkeiten haben, lassen Sie sich Zeit bis Sie den

Rhythmus gefunden haben bevor Sie wieder zum Trab durchparieren – das Zählen und Einhalten der exakten Sprünge und Tritte kann später dazu kommen, Sie haben keinen Zeitdruck.

Versuchen Sie sich jeden Galoppsprung so vorzustellen, als fände er tatsächlich in Zeitlupe statt und lassen Sie sich nicht davon beirren, wenn Ihr Pferd zunächst eilt oder Ihnen schnell vorkommt.
Reiten Sie ganz stur die Anzahl Galoppsprünge die Sie sich vorgenommen haben (das können auch erst einmal 10 oder 12 oder gar 14 sein) und stellen sich dabei vor, wie Sie mit Ihren Gedanken die Bewegung verlangsamen.

Um Ihrem Pferd zu helfen etwas ruhiger zu galoppieren ist es entscheidend, dass Sie so sitzen als würden Sie mit einer ganz langsamen, ruhigen Galoppbewegung mitgehen.
Normaler Weise würden Sie nach einer Viertelrunde Trab wieder angaloppieren, bei einem eiligen/hektischen Pferd können Sie aber anfangs ruhig bis zu einer ganzen Runde ruhigen Trab einbauen.

Ganz wichtig: weder im Galopp noch im Trab versuchen zu bremsen, sondern einfach nur an ein ruhigeres Tempo denken!
Bremsen über Ziehen am Zügel und Klemmen mit den Beinen führt eher zu mehr Anspannung/Stress im Pferd und wir wollen ja ein losgelassenes, lockeres, zufriedenes Pferd erreichen.

Reiten Sie ein eher triebiges Pferd, bei dem das „im Galopp halten“ eine echte Aufgabe ist, empfiehlt es sich die Anzahl der Galoppsprünge und Trabtritte zu verringern, also schneller zwischen Galopp und Trab hin und her zu wechseln.
Traben Sie ein solches Pferd von Beginn an etwas energischer (nicht schneller!) und geben Sie die Hilfe zum Angaloppieren mit etwas mehr Körperspannung, also insgesamt nachdrücklicher.

Reiten Sie ein solches Pferd insgesamt mit einer hohen eigenen Körperspannung – im Gegensatz zu einem angespannten/eiligen Pferd, auf dem Sie so „schlabberig“ wie möglich sitzen müssen.
Sie haben also selbst einen höheren Muskeltonus, sitzen einige Tritte vor dem Punkt zum Angaloppieren aus, legen das äußere Bein wie zuvor beschrieben an, nur mit mehr Nachdruck, und geben den Impuls an ihrem inneren Bein ebenfalls mit mehr Energie/Nachdruck als bei dem eiligen Pferd.

Bei Pferden die schon sehr lange derart „stumpf am Bein“ sind kann es sich empfehlen, die ersten paar Trainingseinheiten eine Gerte mitzunehmen, mit der die Schenkelhilfe (des INNEREN Beines!) durch kurzes Antippen unterstützt werden kann. Meist braucht man sie allerdings gar nicht, wenn man sie dabeihat.

Galoppieren Sie 5-6 Galoppsprünge, parieren Sie durch zum Trab und galoppieren Sie bereits nach ca. 5 Trabtritten wieder an. Wiederholen Sie das bis Sie merken, dass Ihr Pferd umgehend reagiert und flüssig vorwärts galoppiert. Ist das der Fall können Sie die

Anzahl der Galoppsprünge erhöhen, die Trabtritte würde ich bei diesem kurzen Intervall belassen.

Galoppieren Sie energisch, aber nicht schnell. Sie müssen sofort wieder durchparieren, da können Sie ein hohes Tempo nicht gebrauchen.
Es ist ganz erstaunlich, wie schnell „faule“ Pferde, die vorher von ihren Reitern nur mit größter Mühe und Hauen und Stechen im Galopp zu halten waren, plötzlich eifrig angaloppieren und den Galopp dann auch genauso halten können.

Für den Reiter ist es die Hauptaufgabe, sich auf seinen Sitz und die präzise Umsetzung zu konzentrieren. Genau nach der jeweils festgesetzten Anzahl von Galoppsprüngen wieder zum Trab zu parieren und exakt an dem festgelegten Punkt wieder anzugaloppieren ist nur mit extremer Konzentration möglich.

Erwarten Sie nicht, dass es jedes Mal klappt, das muss es auch gar nicht. Wenn Sie es ein paarmal pro Übungseinheit schaffen, ist das schon super.

Nr.IX: Übergänge durch Gedanken

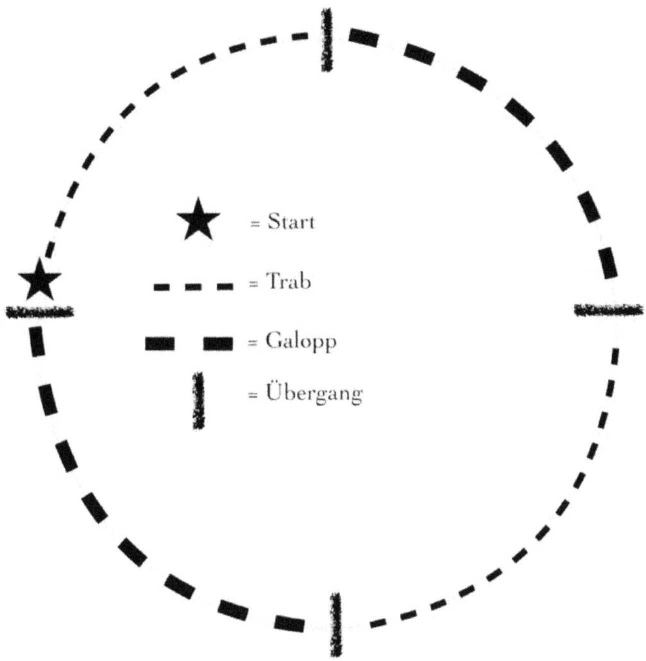

Übung X: Loslassen

Ziel der Übung ist ein unaufwendiger Wechsel zwischen Trab und Galopp sowie zwischen zwei unterschiedlichen Biegungen.
Die Übung erfordert schnelle Reaktionen des Reiters und ist hervorragend dazu geeignet, das Pferd wirklich losgelassen durch den Körper schwingen zu lassen.

Und so geht es:
Sie reiten im Trab im Aussitzen ganze Bahn, Nüstern vorderster Punkt des Pferdekopfes, Pferd in Aufrichtung. Nun reiten Sie aus der Ecke kehrt, wobei Sie auf dem Weg zurück zum Hufschlag quasi eine kleine Traversale reiten, Ihr Pferd also auf der linken Hand nach links gestellt und gebogen lassen, auf der rechten Hand nach rechts, und dabei einfach seitwärts reiten.

Nehmen wir an, Sie reiten auf der linken Hand so bedeutet das: nehmen Sie die Linkstellung und Biegung mit in die Kehrtvolte, wenden Sie mit Ihrem rechten Oberschenkel und Knie die rechte Schulter des Pferdes nach links, schauen Sie auf den Punkt an dem Sie den Hufschlag erreichen wollen und stellen sich vor, Sie würden selbst die Linie dorthin entlanglaufen.

Nun treiben Sie mit der linken Wade weiter, nehmen das linke Knie etwas vom Pferd weg, lassen Ihr Pferd nach links gestellt und gebogen und schieben es mit dem rechten Oberschenkel/Knie und dem verwahrenden Rest des Ihres rechten Beines einfach Richtung Hufschlag nach links.

Dabei müssen Sie Ihren Schultergürtel natürlich ebenfalls nach links drehen, damit Ihre Schultern zu denen des Pferdes parallel bleiben.
Achten Sie darauf, Ihre linke Hüfte vorne zu lassen, oft neigt man dazu, diese auch mit zu verschieben und dann fehlt der treibende Moment.
Versuchen Sie mit dem geringst möglichen Druck auszukommen – steigern können Sie diesen immer, wenn Ihr Pferd nicht reagiert.

Am Hufschlag angekommen gilt es schnell zu sein: richten Sie Ihre Schultern und Hüften sowie das Pferd wieder gerade aus, stellen Sie Ihr Pferd minimal nach rechts und galoppieren Sie an Ihrem neuen inneren (in diesem Fall rechten) Bein an - wie in der vorigen Übung erklärt. Reiten Sie gleich auf den Mittelzirkel, stellen und biegen Sie Ihr Pferd nach rechts und galoppieren Sie einmal herum.
Konzentrieren Sie sich darauf, Ihr Pferd zwischen Ihrem äußeren und inneren Bein gebogen zu halten und Ihre innere Schulter zurückzunehmen und die innere Hüfte vorzuschieben. Falls Ihnen das schwerfällt, probieren Sie folgendes:

Nehmen Sie nicht Ihre innere Schulter zurück, sondern Ihre äußere Schulter vor. Und schieben Sie die äußere Hüfte vor, statt die innere zurück zu nehmen.
Vielen Reitern fällt das leichter.

Es kann sein, dass Sie zwischendurch ein bisschen mehr mit dem äußeren Unterschenkel arbeiten müssen, wenn Sie zum Beispiel merken, dass Ihnen die Hinterhand ausweicht. Grundsätzlich gilt aber:

Sie reiten ruhige, energische Galoppsprünge, Ihr inneres Bein bleibt lang und treibt in der Bewegung, Ihr äußeres Bein begrenzt, Oberschenkel und Knie wenden die Schulter des Pferdes in die Bewegungsrichtung, der Unterschenkel verwahrt und greift ein, wenn notwendig.
Die Zügel spielen wie immer nur eine untergeordnete Rolle, da sie auch hier nicht die entscheidende Hilfe geben.

Wie in allen Übungen gilt auch hier:
Auch wenn Sie die Zügel natürlich in der Hand haben, Stellen Sie sich vor, dass Sie Ihr Pferd nur über Ihren Sitz und mit Ihren Beinen steuern.

Sitzen Sie außerdem möglichst passiv und locker – Sie brauchen für diese Übung nur eine normale positive Körperspannung, können also so locker wie möglich im Pferd sitzen.

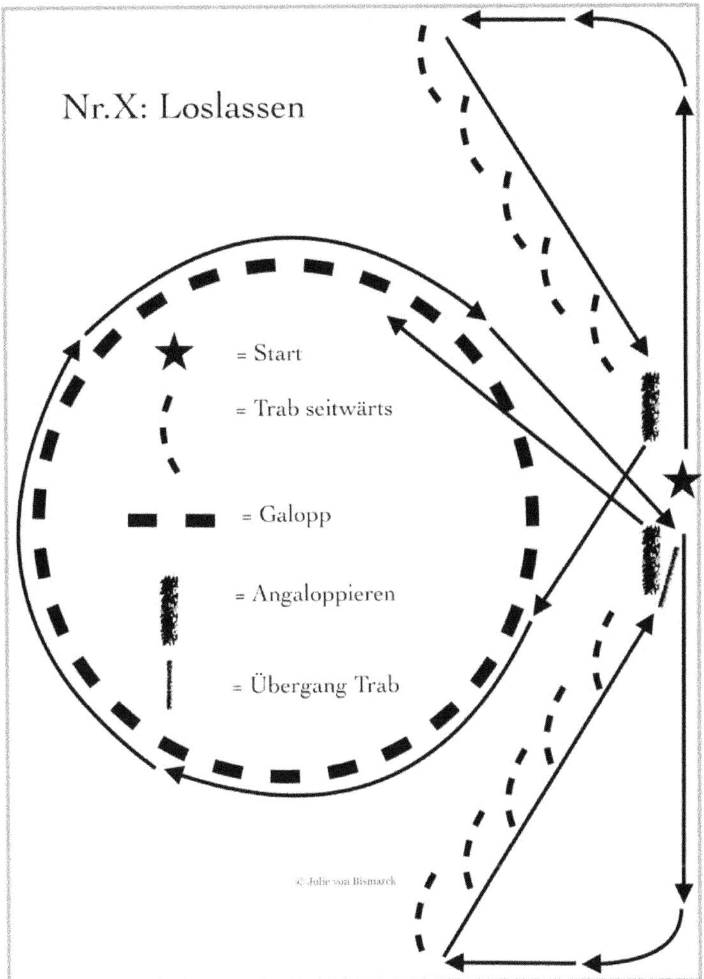
Nr.X: Loslassen
= Start
= Trab seitwärts
= Galopp
= Angaloppieren
= Übergang Trab
© Julie von Bismarck

Übung XI: Biegungswechsel

Mit dieser Übung trainieren wir auf sehr effektive Weise unsere Konzentration auf den Wechsel zwischen zwei verschiedenen Biegungen und Stellungen und einem geraden Pferd.
Die Übung eignet sich auch in der Aufwärmphase und erfordert schnelles Denken, Handeln und Umsitzen.

Und so geht es:
Wir wollen genau auf der Mitte der jeweiligen Schlangenlinie den Fuß wechseln, nicht einen Trabtritt früher oder später.
Ich finde es hilft, sich zunächst einen Pylonen an die jeweilige Stelle zu stellen, so hat man eine Orientierungshilfe und es ist einfacher, nicht zu „schummeln".

Achten Sie darauf, dass Ihr Pferd zum Zeitpunkt des Umsitzens schnurgerade ist. Da Sie kurz davor und kurz darauf wieder in Stellung und Biegung reiten ist das nicht so einfach wie es sich anhört.

Reiten Sie also im Leichttraben ganze Bahn, beginnen Sie Ihre erste Schlangenlinie, indem Sie die zweite Ecke der kurzen Seite bereits etwas runder machen, achten Sie in der Wendung darauf, dass Vor- und Hinterhand des Pferdes aufeinander ausgerichtet sind und Ihre Schultern und Hüften parallel zu denen des Pferdes stehen.
Treiben Sie mit dem inneren Bein, wenden Sie mit dem äußeren Knie/Oberschenkel die Vorhand und hindern

Sie mit dem äußeren Bein den äußeren Hinterfuß des Pferdes am Ausfallen.
Gleich nach Beenden der Wendung richten Sie sich und Ihr Pferd wieder ganz gerade aus, sitzen um und stellen und biegen Ihr Pferd in die neue Richtung.

Reiten Sie die Übung 3 Mal und wechseln Sie dann die Hand.

Wir möchten in dieser Übung das Gefühl bekommen, dass unser Pferd nur durch unseren Sitz ganz gerade und ganz korrekt gebogen wird, ohne dass wir am inneren Zügel ziehen oder am äußeren „drücken".

Wenn Pferd und Reiter es raushaben, fühlt es sich an als würde das Pferd mit dem Körper des Reiters verschmelzen und man sich als ein Körper bewegen:
Wo die Vorhand des Pferdes hingeht, gehen die Schultern des Reiters hin, wo das Becken des Reiters ist, geht das Becken des Pferdes hin und andersherum.

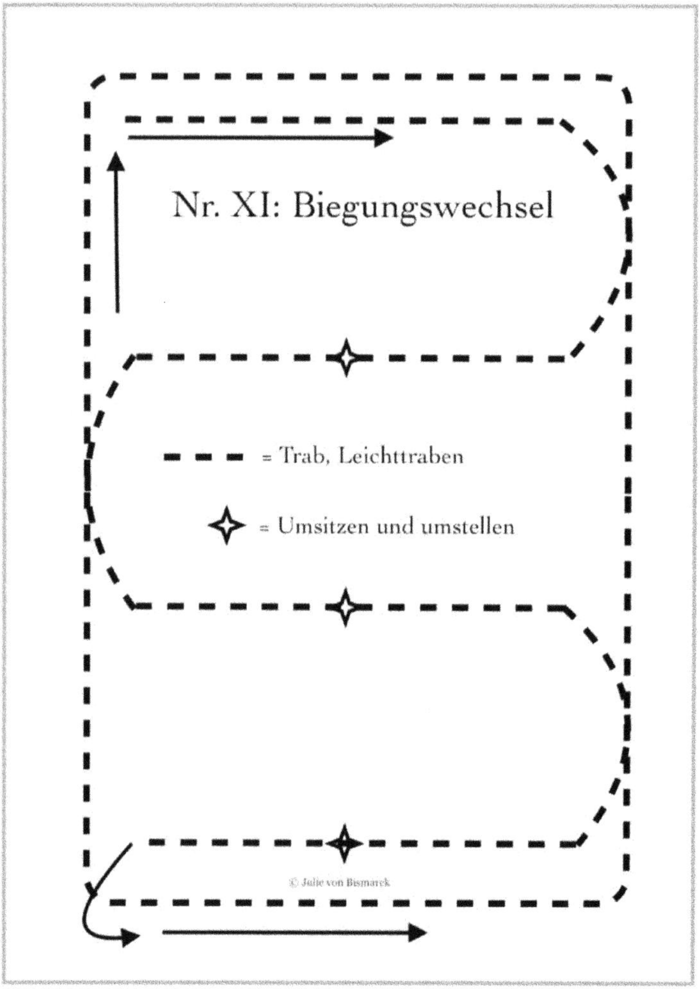
Nr. XI: Biegungswechsel
= Trab, Leichttraben
= Umsitzen und umstellen
© Julie von Bismarck

Übung XII: Gerade reiten I

Nachdem wir eben schon auf den kurzen Strecken der Schlangenlinien das geradeaus reiten geübt haben, möchten wir dies jetzt auf einer längeren Geraden üben.

Auch hier klingt die Übung leichter als Sie ist: wir haben uns schon mit der natürlichen Schiefe von Pferd und Reiter beschäftigt – Sie werden feststellen, dass es viel leichter gesagt als getan ist, nur eine einzige Linie wirklich schnurgerade zu reiten.
Es hilft definitiv, sich am Anfang eine Gasse aus Stangen zu bauen, aber auf die Dauer soll das natürlich ohne Hilfe möglich sein.

Ziel der Übung ist ein schnurgerades Pferd unter einem schnurgeraden Reiter, sowie ein Wenden der Vorhand um die Wendemarken herum.

Und so geht es:
Sie reiten im Leichttraben ganze Bahn auf dem zweiten Hufschlag. Stellen Sie sich gerne Pylone in die 4 Ecken Ihrer verkleinerten Bahn, damit sie exakt wissen, wo Sie wenden müssen.
Fixieren Sie bei jeder Geraden einen Punkt am anderen Ende und reiten Sie strikt darauf zu. Stellen Sie sich vor, ihre Schultern und Ihr Becken wären in der Geradeaus-Position festgestellt, also so, dass sie direkt auf Ihren Punkt hinweisen.
Achten Sie nicht auf den Hals, lassen Sie die Zügel möglichst lang und versuchen Sie keinesfalls, mit dem Zügel etwas zu korrigieren. In dieser Übung korrigieren wir ausschließlich über unseren Sitz.

Treiben Sie mit beiden Beinen gleichmäßig und so wenig wie möglich. Ihr Oberkörper sollte unter Spannung sein, Ihre Beine möglichst entspannt = neutral.

Spüren Sie nun in Ihr Pferd hinein: weicht es mit einer Schulter oder einem Hinterbein aus?
Wenn ja - hier ist Ihre Hilfe: lassen Sie Ihre Schultern und Ihr Becken stur geradeaus gerichtet.
Korrigieren Sie die Schultern des Pferdes durch Druck des Knies und Oberschenkels, zu dessen Seite die Schulter entfleuchen möchte.
Nutzen Sie immer erst den leichtest möglichen Druck.
Korrigieren Sie die Hinterbeine mit Ihren gleichseitigen Unterschenkeln, nehmen Sie auch hier zunächst so wenig Druck wie möglich.

Passen Sie, wenn nötig, die Stärke der Hilfe an - nehmen Sie die Hilfe aber sofort weg, sobald das Pferd reagiert und wieder gerade ist.
In dem Augenblick, in dem das Pferd reagiert, gehen Ihre Beine sofort wieder in „neutral"= entspannt.
Das ist das Wichtigste an dieser Übung.

Wenn Sie und Ihr Pferd dieses Wechselspiel beherrschen, werden Sie beide um Längen gerader sein.
Lassen Sie am Anfang eine Person sowohl von vorne als auch von hinten schauen, ob Sie und Ihr Pferd wirklich auf einer Schnur unterwegs sind – das hilft Ihnen das richtige Gefühl abzuspeichern.
An den Ecken denken Sie wieder daran, nur die Vorhand zu wenden, also das Pferd dabei möglichst gerade zu lassen, so als würden sie es ganz gerade um den Pylonen drehen.

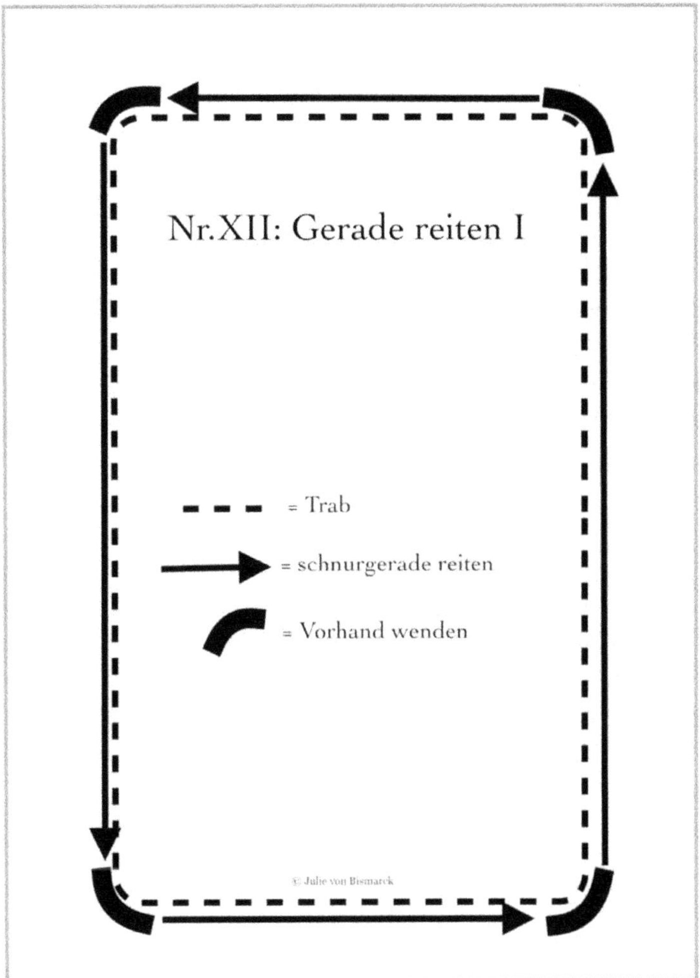
Nr.XII: Gerade reiten I
= Trab
= schnurgerade reiten
= Vorhand wenden
© Julie von Bismarck

Übung XIII: Gerade reiten II

Jetzt wiederholen wir die gleiche Übung im Galopp. Ziel der Übung ist auch hier ein schnurgerades Pferd unter einem schnurgeraden Reiter, sowie ein Wenden der Vorhand um die Pylone herum.

Und so geht es:
Sie galoppieren in einem ruhigen Tempo ganze Bahn auf dem zweiten Hufschlag. Stellen Sie sich gerne Pylone in die 4 Ecken Ihrer verkleinerten Bahn, damit sie exakt wissen, wo Sie wenden müssen.
Fixieren Sie bei jeder Geraden einen Punkt am anderen Ende und reiten Sie strikt darauf zu. Stellen Sie sich vor, ihre Schultern und Ihr Becken wären in der Geradeaus-Position festgestellt, also so, dass sie direkt auf Ihren Punkt hinweisen.
Versuchen Sie keinesfalls, mit dem Zügel etwas zu korrigieren. In dieser Übung korrigieren wir ausschließlich über unseren Sitz. Treiben Sie so wenig wie möglich, halten Sie den Galopp aufrecht aber versuchen Sie dies möglichst mit beiden Beinen gleichermaßen zu tun. Ihr Oberkörper sollte unter Spannung sein, Ihre Beine auch hier möglichst entspannt = neutral.
Spüren Sie nun in Ihr Pferd hinein: weicht es mit einer Schulter oder einem Hinterbein aus? Macht es sich hohl, was besonders im Galopp ein häufiges Phänomen ist?

Ihre Hilfen zur Korrektur sind im Wesentlichen identisch mit denen der Übung im Trab, achten Sie bloß noch mehr darauf, locker im Pferd zu sitzen, da viele Reiter im Galopp zum Klemmen neigen.

Das würde aber verhindern, dass Sie Ihr Pferd korrigieren können. Daher bleiben Sie locker, reiten Sie in ruhigem Tempo, lassen Sie Ihre Schultern und Ihr Becken stur geradeaus gerichtet und korrigieren Sie die Schultern des Pferdes wie gehabt durch Druck des gleichseitigen Knies und Oberschenkels.
Nutzen Sie immer erst den leichtest möglichen Druck.

Korrigieren Sie die Hinterbeine mit Ihren gleichseitigen Unterschenkeln, nehmen Sie auch hier zunächst so wenig Druck wie möglich.
Passen Sie die Stärke der Hilfe an, wenn nötig, nehmen Sie die Hilfe aber sofort weg, sobald das Pferd reagiert und wieder gerade ist.
Sobald das Pferd reagiert, gehen Ihre Beine wieder in „neutral“= entspannt. Das ist das Wichtigste an dieser Übung.

Sollte Ihr Pferd bereits die fliegenden Wechsel gelernt haben konzentrieren Sie sich sehr darauf, Ihren Unterschenkel bei einer Korrektur des Hinterbeines nicht zu weit zurück zu nehmen und das Pferd mehr zwischen beiden Beinen in die Geraderichtung zu schieben.

Lassen Sie am Anfang eine Person sowohl von vorne als auch von hinten schauen, ob Sie und Ihr Pferd wirklich auf einer Schnur unterwegs sind – das hilft Ihnen das richtige Gefühl abzuspeichern.

An den Ecken denken Sie wieder daran, nur die Vorhand zu wenden, also das Pferd dabei möglichst gerade zu lassen, so als würden sie es ganz gerade um den Pylonen drehen oder eine Viertel Pirouette reiten - nur ohne die Stellung und Biegung.

Sie können diese Übung auch sehr gut im Gelände reiten. Voraussetzung dafür ist nur ein Gefühl dafür wie es sich anfühlen sollte, wenn das Pferd wirklich gerade ist – und ein langes Feld oder ein ebensolcher Weg.

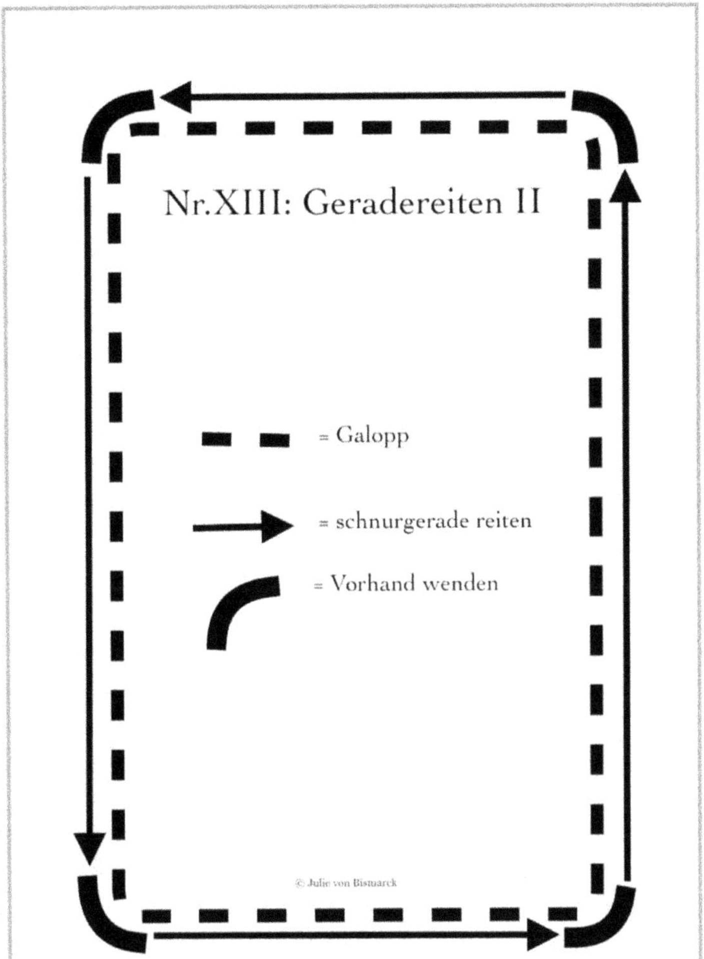
Nr.XIII: Geradereiten II
= Galopp
= schnurgerade reiten
= Vorhand wenden
© Julie von Bismarck

Übung XIV: Halten mit Gedanken I

Ziel dieser Übung ist die Verfeinerung der Kommunikation beim Halten und das Beherrschen des Anhaltens ohne den Gebrauch der Zügel.

Der Nutzen erstreckt sich aber ebenso auf Temporeduzierungen innerhalb einer Gangart, denn es schult das Gefühl des Reiters dafür, sein Pferd mit Konzentration und der daraus entstehenden Körperspannung langsamer oder schneller werden zu lassen. Ähnlich wie in Übung I geht es also auch hier darum, möglichst ohne den Einsatz der Zügel auszukommen und das Pferd nur durch Fokussierung und den Sitz zu steuern.

Und so geht es:
Reiten Sie im Schritt ganze Bahn, lassen Sie die Zügel lang. Halten Sie an der Mitte jeder kurzen Seite und an den zwei Zirkelpunkten der langen Seiten an, lassen Sie das Pferd einige Sekunden stehen und reiten Sie wieder an. Stellen Sie sich vor jedem Halten vor, die letzten Schritte Ihres Pferdes bis zu Ihrem Haltepunkt bereits durch Ihren Sitz zu kontrollieren, spüren Sie Ihre Sitzbeinhöcker, spannen Sie Ihren Bauch und Beckenboden an und schließen Sie die Oberschenkel etwas mehr.
Denken Sie: langsam => noch langsamer => Zeitlupe => Stehen.

Dadurch bereiten Sie Ihr Pferd auf das Anhalten vor. Zum Anhalten nehmen Sie nun noch die Ohren nach hinten, schließen die Knie, atmen aus und denken an

Haaaaalt. Sie können das auch gerne laut sagen, Stimmhilfen sind, gerade wenn man noch am Anfang dieser Art zu reiten steht, ein großartiges Mittel in der Kommunikation mit dem Pferd. Man muss sie nur exakt einsetzen und darf keinesfalls permanent auf das Pferd einreden.

Achten Sie penibel darauf, genau an den exakten Punkten anzuhalten, nicht früher, nicht später.

Lassen Sie Ihr Pferd zwischen den einzelnen Haltpunkten entspannt schreiten, nehmen Sie also die „Kontrolle" aus Ihrem Beckenboden/Kreuz und Bauch und entspannen Sie Ihren Sitz, um locker der Bewegung des Pferdes folgen zu können.

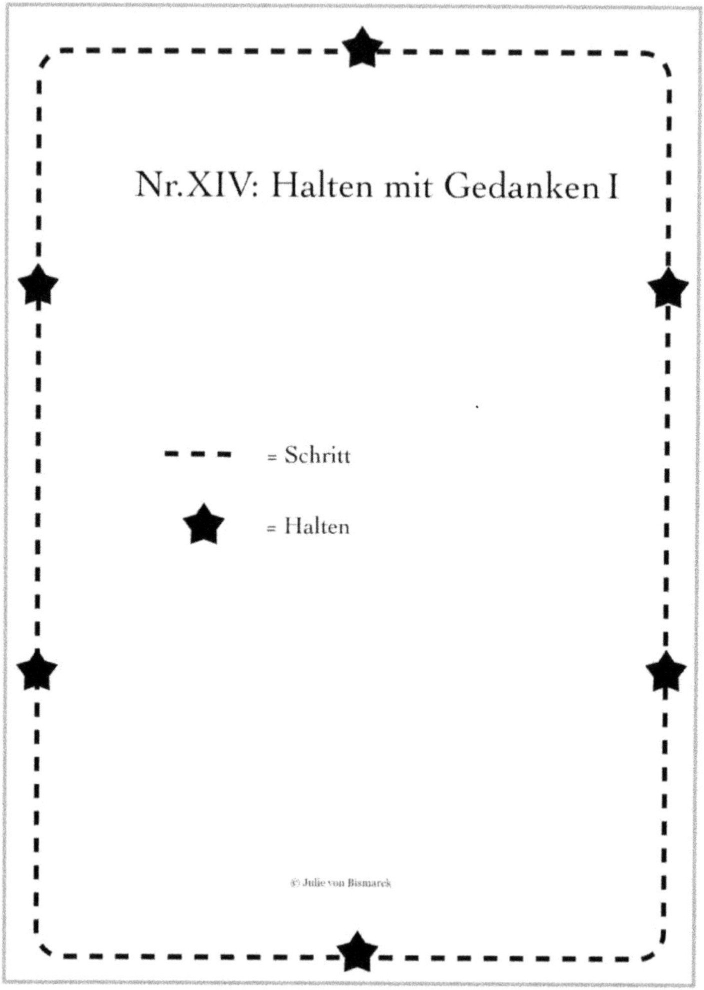
Nr.XIV: Halten mit Gedanken I
= Schritt
= Halten
© Julie von Bismarck

Übung XV: Halten mit Gedanken II

Nun nehmen wir die in der vorigen Übung erarbeitete Abstimmung mit in den Trab. Die Übung hat das gleiche Ziel wie Teil I und wird später auch im Galopp geritten, das ist dann Teil der Übungen für Fortgeschrittene, aber aus dem Trab ist sie für jeden Reiter und jedes Pferd geeignet.

Um es uns und unserem Pferd leichter zu machen, sollten wir zuvor immer den ersten Teil der Übung geritten haben - so wissen beide bereits worum es geht. Ich finde es übrigens einfacher, diese Übung anfangs ohne Bügel zu reiten, aber das können Sie selbst ausprobieren.

Und so geht es:
Traben Sie in ruhigem Tempo ganze Bahn und sitzen Sie dabei aus. Später können Sie die Übung auch aus dem Leichttraben probieren und erst zwei Trabtritte vor dem Anhalten aussitzen. Lassen Sie die Zügel lang, es geht jetzt nicht um Aufrichtung oder Anlehnung (auch wenn das natürlich gerne dazu kommen darf), sondern erst einmal nur darum, das Pferd ausschließlich mit dem Sitz aus dem Trab anhalten lassen zu können und aus dem Halten wieder anzutraben.

Exakt in der Mitte jeder kurzen und jeder langen Seite parieren Sie durch zum Halten und nehmen Sie dafür nicht die Zügel zu Hilfe. Denken Sie wie in der Variante im Schritt an: langsamer => Zeitlupe => Halt.
Denken Sie nicht an Schritt, nur an langsamen Trab und Halt. Je langsamer Sie anfangs traben, desto einfacher

wird es Ihnen und Ihrem Pferd fallen, die Übung umzusetzen. Später können Sie die Übung auch aus einem frischen Trab heraus reiten.
Stellen Sie sich vor, wie ihr Pferd aus dem Trab direkt zum Stehen kommt, spannen Sie während der letzten Tritte wieder Ihren Beckenboden, ihr Kreuz und Ihren Bauch an und legen Sie Ihre Oberschenkel enger ans Pferd.
Die Hilfe zum Anhalten ist dann die gleiche wie bei jedem Halten: ausatmen, Ohren nach hinten nehmen, Knie zu machen.
Sollte das nicht auf Anhieb klappen macht das gar nichts, Sie haben ja Zeit. Lassen Sie sich nicht davon entmutigen, wenn Ihr Pferd nicht sofort steht. Nehmen Sie Ihre Stimme dazu und, ganz wichtig: loben Sie das Pferd überschwänglich, wenn es das erste Mal angehalten hat, gerne auch mit einem Leckerli. Sie werden sehen, wie schnell Ihr Pferd beim nächsten Halten steht. Ich gebe sogar jedes Mal beim Halten ein Leckerli, wenn ich die Übung das erste Mal reite. Danach muss dann ein „normales" Lob genügen.

Lassen Sie das Pferd für circa 2 Sekunden stehen (mit Leckerli natürlich länger) und traben Sie wieder an. Bereits die erste Bewegung des Pferdes soll ein Trabtritt sein, denken Sie also an Trab und stellen sich vor, wie Sie aus dem Halten direkt wieder auf einem energisch trabenden Pferd sitzen. Erhöhen Sie Ihre gesamte Körperspannung, um Spannung ins Pferd zu bringen und geben Sie einen energischen Impuls mit beiden Waden, spannen Sie auch Ihren Bauch und Beckenboden an.

Wenn wir ein Pferd reiten, das durch sein vorheriges Training sehr abgeschaltet hat, müssen wir aufpassen, nicht mit dem Bein zu klemmen. Bei einem solchen Pferd ist es besonders wichtig, auf ein lockeres, entspanntes Bein zu achten, das nur über Impulse arbeitet.

In diesem Fall kommen wir am besten kurz mit beiden Beinen ans Pferd und geben einen Impuls mit der Wade. Folgt keine sofortige Reaktion nehmen wir die Unterschenkel einzeln: einmal innen einmal außen, mit mehr Nachdruck und schnell hintereinander.

Normalerweise sollte es an dieser Stelle der Übungsreihe nicht mehr notwendig sein, aber bei manchen Pferden ist „Halten" mit einer etwas gemütlicheren inneren Einstellung verbunden und diese Pferde tendieren dann dazu, sich über den Schritt in den Trab zu schummeln.
Das ist aber nicht das Ziel der Übung, daher dann lieber noch einmal die Gerte hinter der inneren Wade anlegen als mit dem Bein zu klemmen.

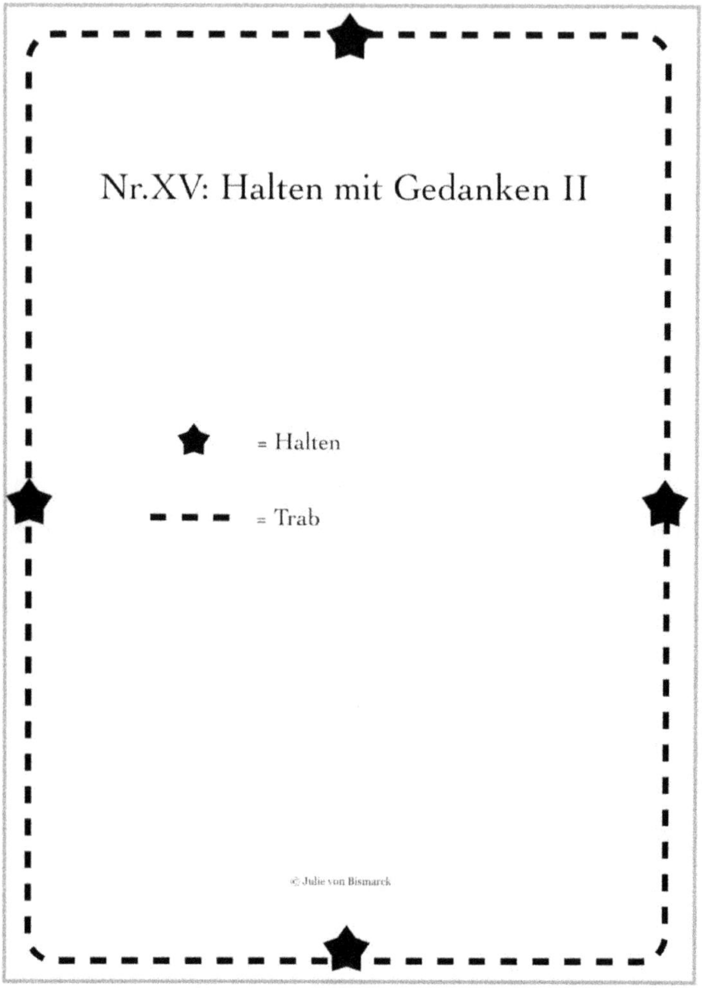
Nr.XV: Halten mit Gedanken II
= Halten
= Trab
© Julie von Bismarck

Übung XVI: Das Wunder feinen Reitens I

Sie werden sich sicher noch an unsere Übung I erinnern – Finde die Füße – mit der wir diese Trainingsreihe begonnen haben. Was in dieser ersten Übung erarbeitet haben und in den beiden vorigen noch weiter verfeinert, werden wir in dieser Übung nun weiter ausbauen, in dem wir das Ganze von der Geraden auf die gebogene Linie mitnehmen und zwischen drei Phasen wechseln: Schritt, Halten, und Trab.

Ziel der Übung ist ein korrekt gebogenes Pferd, welches auf unsichtbare Hilfen hin flüssig von einer Gangart in die nächste wechselt und zum Halten pariert.

Und so geht es:
Wir reiten im Schritt auf dem Zirkel, ich nehme dazu gerne den Mittelzirkel, anfangs kann es aber auch gerne ein optisch zu drei Seiten begrenzter Zirkel an einer der kurzen Seiten sein.
Unser Pferd ist bereits aufgewärmt, zum Beispiel durch Übung I bis IV oder einfach durch Warmreiten auf gebogenen und geraden Linien.

Bei A oder C halten wir an (wenn auf dem Mittelzirkel geritten wird bei B oder E) und lassen das Pferd für 3 Sekunden ruhig stehen. Dann reiten wir im Schritt an und zählen 8 – 10 Schritte. Beim 8. denken wir an Trab, beim 9., spätestens 10. Schritt wechseln wir in den Trab. Wie in Übung I soll auch hier der Übergang fließend und flüssig sein und der Trab so langsam, dass wir jeden Tritt bewusst mitzählen können.

Nach exakt 10 Trabtritten wechseln wir wieder in den Schritt, so wie wir es bereits in Übung I erarbeitet haben und ohne dabei mit den Zügeln einzuwirken.
Die Zahl der Schritte im Schritt variieren wir zwischen 3 und 10, also einmal 3 Schritte, beim nächsten Mal 7 usw. und traben dann wieder an. Wichtig ist, sich die Zahl der Schritte vorher vorzunehmen und dann genau einzuhalten. Sie können sie auch laut ansagen, manchen Reitern hilft das.
Verfahren Sie so, bis Sie wieder am Haltepunkt angekommen sind und versuchen Sie diesen im Wechsel aus dem Schritt und aus dem Trab zu erreichen und danach in der gleichen Gangart wieder anzureiten, so wie wir es in den Übungen zuvor bereits besprochen haben. Die Wechsel zwischen den Gangarten und dem Halten sollen fließend sein und ganz unaufwendig. Versuchen Sie zu diesem Zweck möglichst locker und losgelassen zu sitzen, denken Sie sich, dass diese Übung fast keinen Aufwand benötigt und Sie Ihre Übergänge so „unruckelig“ wie möglich reiten möchten.

Achten Sie darauf, Ihre Schultern und Hüften so auszurichten wie sie sein müssten, wenn sich das Pferd korrekt gebogen auf dem Zirkel bewegt. Damit machen Sie es Ihrem Pferd leichter, ebenfalls in korrekter Biegung zu gehen.
Nehmen Sie also Ihre innere Schulter zurück – oder die äußere vor, wenn Ihnen das leichter fällt – und schieben Sie die innere Hüfte nach vorne.
Das innere Hinterbein des Pferdes läuft auf dem Zirkel auf einem kleineren Kreis als das äußere, sein Hüfthöcker rückt also weiter nach vorne, was bedeutet: dort muss auch Ihre innere Hüfte sein, beziehungsweise

Ihr Beckenknochen – ich finde, den kann man sich besser vorstellen.

Um nun zu verhindern, dass die äußere Schulter des Pferdes die Zirkellinie verlässt, passen wir den Druck unseres äußeren Knies/Oberschenkels entsprechend an und begrenzen so die Schulter.
Mit unseren Unterschenkeln korrigieren wir die Hinterbeine, so es denn erforderlich ist.

Bedenken Sie, dass auch das Halten auf einer gebogenen Linie stattfindet, das heißt das innere Hinterbein darf ruhig etwas weiter innen stehen und auch die Vorhand ist gebogen. Alles nur minimal, natürlich, aber wie wir eingangs besprochen haben geht es beim Reiten eben genau um diese winzigen Unterschiede.
Stellen Sie sich vor, wie Ihr Pferd von oben aussehen sollte wenn es auf einer Zirkellinie steht und versuchen Sie, genau so anzuhalten.

Nr.XVI:
Das Wunder feinen Reitens I

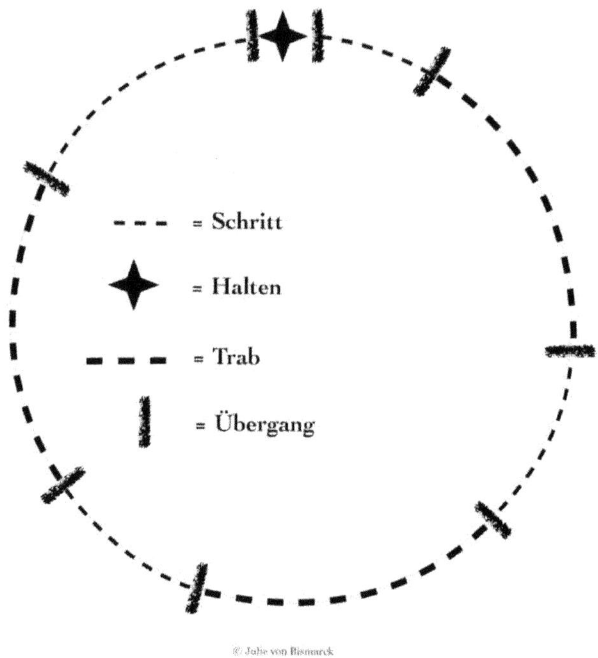

Übung XVII: Das Wunder feinen Reitens II

Diesen zweiten Teil der Übung reiten wir anfangs stets nur in direktem Anschluss an den ersten Teil. Wenn sich die Feinabstimmung gefestigt hat, kann die Übung auch einzeln geritten werden.

Hier werden nun alle vorigen Schritte zum Thema „antreten, zurückkommen und halten auf feinste Hilfen" zusammengeführt und wir können ernten, was wir uns mit unserem Pferd durch all die anderen Übungen zuvor erarbeitet haben.
Vor allem wenn Sie ein vormals sehr „triebiges", „abgestumpftes" Pferd reiten, werden Sie zu strahlen beginnen, wenn diese Übung zum ersten Mal gelingt.

Und so geht es:
Wir reiten im Schritt auf dem Zirkel und suchen uns einen Startpunkt. Von diesem aus zählen wir exakt 8 Schritte Schritt und galoppieren am inneren Bein an. Nach 5 Galoppsprüngen parieren wir wieder durch zum Schritt und verfahren so 1-3 Zirkelrunden lang, dann wechseln wir die Hand.
Wir haben eine leichte Verbindung zum Pferdekopf (wenn auf Halsring oder ohne alles geritten wird natürlich nicht), zählen die Schritte und denken spätestens beim 7.Schritt an Galopp.
Stellen Sie sich da schon vor, wie das Pferd gleich aus der Hinterhand abdrückt, Ihnen entgegenkommt und dann exakt 5 Galoppsprünge macht.
Es ist sehr wichtig, gleich an die begrenzte Zahl der Sprünge zu denken, denn das ist wirklich nicht viel und Sie müssen sich bereits vom ersten Sprung an

gleichzeitig wieder auf das Durchparieren zum Schritt konzentrieren und den Galopp kontrollieren.
Zu diesem Zweck halten Sie die Spannung in Ihrem Körper und das Pferd zwischen Ihren Beinen sehr kontrolliert. Also viel Knieschluss, Oberschenkel dicht am Pferd, Unterschenkel ebenfalls in gleichmäßigem Kontakt.
Sie und Ihr Pferd benötigen eine positive Spannung, um die Übung ausführen zu können. Ausnahmsweise behalten Sie diese Spannung in etwas abgeschwächter Form auch in den Schrittphasen der Übung bei.
Sonst versuchen wir ja, im Schritt möglichst wenig Spannung ins Pferd zu bringen, jetzt brauchen wir diese.

Wechseln Sie auf diese Weise zwischen Galopp und Schritt auf dem Zirkel – reiten Sie aber keinesfalls mehr als 3 Runden pro Hand.
Auch wenn es wirklich viel Spaß macht: die Erfahrung zeigt, dass man diese Übung schnell übertreiben kann und die Pferde hektisch, übereifrig oder schief werden.
Ich persönlich lasse es sofort gut sein, wenn das Pferd und ich 2-3 wirklich gute und flüssige Übergänge mit sofortiger Reaktion zustande gebracht haben - und ich würde Ihnen das Gleiche empfehlen.
Reiten Sie danach ein paar Runden Trab vorwärts-abwärts, um die Spannung wieder aus dem Pferd zu bekommen. Ich würde empfehlen, diese Übung, wenn man neu mit ihr anfängt an das Ende des Trainings zu legen und danach Schluss zu machen.
Später kann man sie dann überall einbauen und auch wunderbar im Gelände reiten.

Nr.XVII: Das Wunder feinen Reitens II

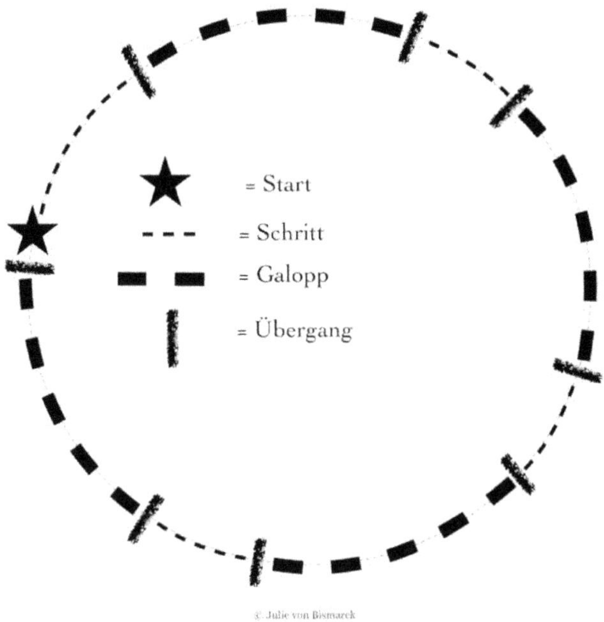

Übung XVIII: Schneeflocken

Mit dieser neugewonnen Leichtigkeit in der Verständigung zwischen uns und unserem Pferd gehen wir nun noch einen Schritt weiter und wechseln zwischen Trab, Galopp und Halten, um unsere Hilfen noch weiter zu präzisieren.
In der Übung zuvor war es für das Pferd schnell deutlich, dass wir nur zwischen Schritt und Galopp wechseln, es wusste also schon, was kommt. Hier wird es schwieriger und Reiter und Pferd müssen sich enorm konzentrieren.

Und so geht es:
Wir starten Mitte der langen Seite, traben an und sitzen dabei aus. Mitte der kurzen Seite halten wir, wie in den Übungen zuvor beschrieben.
Wir lassen das Pferd kurz stehen, halten die Körperspannung aufrecht und sagen unserem Pferd, dass wir gleich aus dem Halten angaloppieren werden. Das tun Sie dann, in dem Sie wie schon besprochen mit Ihrer inneren Wade einen Impuls geben und mit der äußeren Wade verwahren.
Inneres Bein galoppiert an, äußeres verwahrt. Oberschenkel am Pferd ohne zu klemmen, Körperspannung in Bauch und Oberkörper halten. Reiten Sie in einem kontrollierten aber energischen Galopp, stellen Sie sich dabei vor, Ihr Pferd würde vor Ihnen größer werden und achten Sie darauf, seine Schultern und Hinterbeine mit Ihren Beinen zu kontrollieren, sollte das Pferd schief werden. (Siehe Übung „Gerade reiten".)

Vor der Ecke denken Sie sich den Galopp kürzer und langsamer und parieren (wie immer möglichst ohne Zügeleinwirkung) flüssig in den Trab. Denken Sie beim Durchparieren bereits an den ersten Trabtritt!

Mitte der kurzen Seite halten Sie wieder und galoppieren erneut aus dem Halten an.
Wenn das einfach und leicht gelingt, können Sie die Anzahl der Galoppsprünge variieren, zwischendurch auch mal eine ganze Runde galoppieren, einmal 5 Tritte traben, einmal 10, einmal eine ganze lange Seite und die Punkte verschieben, an denen Sie halten.

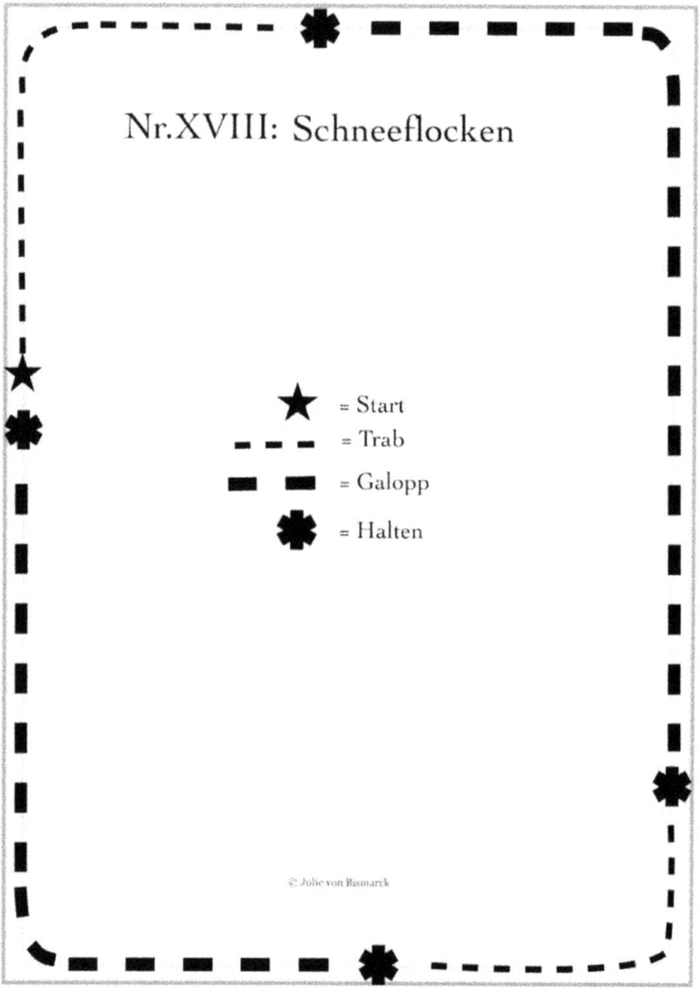
Nr.XVIII: Schneeflocken
= Start
= Trab
= Galopp
= Halten
© Julie von Bismarck

Übung XIX: Übergang und Biegung

In dieser Übung nehmen wir gleich mehrere neue Herausforderungen dazu: wir wechseln zwischen Biegungen, zwischen dem Galopp und dem Schritt und: zwischen Rechts- und Linksgalopp.

Und so geht es:
Wir galoppieren in ruhigem aber energischen Galopp ganze Bahn. Mitte der kurzen Seite leiten wir unsere Schlangenlinie ein, indem wir bereits die Ecke etwas runder reiten und Richting Mittellinie abwenden.

Hier müssen wir bereits an den Übergang zum Schritt denken, denn dieser findet, je nach Größe des Galoppsprunges, bereits ziemlich direkt nach der Wendung statt.

Vor der Mittellinie möchten wir im Schritt sein und nach drei Schritten im neuen Handgalopp wieder angaloppieren.
Es empfiehlt sich anfangs, je einen Pylonen an den Übergang zum Schritt und einen an die Stelle zum Angaloppieren zu stellen – das hilft dem Reiter, sich exakt auf den Punkt zu fokussieren und so genau wie möglich mit dem Pferd zu kommunizieren.

Nehmen wir an, Sie starten auf der rechten Hand, sie reiten also in ruhigem Rechtsgalopp in die kurze Seite, wenden vor der Ecke mit dem äußeren Knie/Oberschenkel die äußere Schulter des Pferdes,

treiben mit dem inneren Bein und lassen die äußere Wade eng am Pferd liegen.
Auch in dieser Übung reiten wir mit konstanter positiver Körperspannung, da die Reaktionszeiten sonst nicht ausreichen.
Aus der Wendung kommend richten wir unsere Schulter und unser Becken wieder geradeaus, denken uns den Galopp langsamer, Zeitlupe, rückwärts und dann nur noch an Schritt, wechseln unter angespanntem Beckenboden und Bauch für 3 Schritte in den Schritt, drehen beim zweiten Schritt unsere Schulter in die neue Bewegungsrichtung (nach links) und schieben den linken Beckenknochen etwas vor.
Bei Schritt 3 denken wir an angaloppieren im Linksgalopp und Schritt 4 ist der erste Galoppsprung. Diesen lösen wir aus über einen Impuls an der inneren (linken) Wade und bestimmten Druck/Anliegen unseres äußeren (rechten) Oberschenkels und Knies.
Die äußere Wade liegt verwahrend am Pferd. So reiten wir in die Linkswendung und so weiter.

Wichtig: wenn Sie diese Übung reiten, sollten Sie und Ihr Pferd alle vorigen Übungen in vollem Umfang beherrschen, beziehungsweise das Pferd muss gelernt haben, sich selbst zu tragen und mit einer ganz leichten (wenn überhaupt) Zügelverbindung auszukommen. Wir wollen in dieser Übung weder mit dem Zügel wenden, noch durchparieren.
Der Zügel begleitet lediglich, was wir mit dem Rest unseres Körpers und unserer Fokussierung erreichen.

Wenn Sie das nicht beachten wird diese Übung unter Umständen so bei Ihnen ausfallen, wie Sie in etlichen deutschen und internationalen Dressurprüfungen mittleren Niveaus geritten wird: als Ziehen und Stechen um den einfachen Galoppwechsel herum.

Denken Sie daher unbedingt auch hier an flüssiges Übergleiten von einer Gangart in die andere und lassen Sie sich nicht davon beirren, dass es so viele Dinge quasi gleichzeitig zu beachten gilt.

Wiederholen Sie den Ablauf wieder und wieder im Kopf – Sie werden feststellen, wie leicht es Ihnen plötzlich fällt die Übung korrekt zu absolvieren:

Galopp, Galopp, wenden, Galopp, Galopp langsamer, Galopp nach rückwärts, in den Schritt, umsitzen, umstellen, am neuen inneren Bein angaloppieren.

Und Sie werden nicht der/die Erste sein, der/die im Reitstall für offene Münder sorgt, weil eine bei so vielen Reitern gefürchtete und unbeliebte Lektion bei Ihnen und Ihrem Pferd auf einmal so federleicht und fließend aussieht.

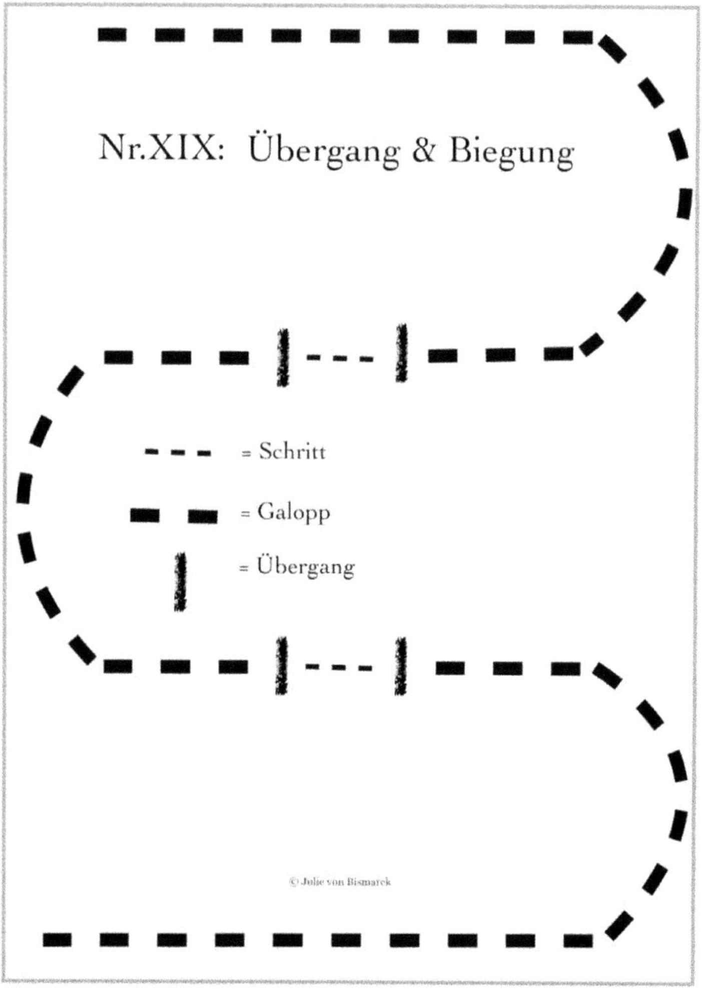
Nr.XIX: Übergang & Biegung
= Schritt
= Galopp
= Übergang
© Julie von Bismarck

Übung XX: Der Diamant

Diese Übung fordert Reiter und Pferd schon sehr viel ab und sollte daher nur ausprobiert werden, wenn die vorigen Übungen alle auch ohne echte Einwirkung der Zügelhilfen super klappen.
Es ist ein Wechsel zwischen Galopp, Schritt und einer Viertel Kurzkehrtwendung, sowie den Ergebnissen der Übung „Gerade reiten" und ist hervorragend geeignet, um das Pferd auf die Hinterhand zu bringen und die Vorhand frei zu bekommen.
Diese Übung ist eine der besten Vorbereitungen auf versammelnde Lektionen und verbessert noch einmal die Konzentration und Kommunikation von Reiter und Pferd auf einem ganz anderen Level.

Und so geht es:
Stellen Sie 4 Pylone so auf, dass Sie ein erst einmal möglichst großes, auf der Spitze stehendes Quadrat bilden.
Reiten Sie erst auf beiden Händen ein paarmal im Schritt darum herum und wenden Sie um jeden Pylonen mit einer Viertel Kurzkehrtwendung. (Siehe Übung „Das Quadrat")

Wenn das gut funktioniert, galoppieren Sie an.
Den Galopp sollten Sie auch in dieser Übung sehr ruhig reiten, das macht es Ihnen und Ihrem Pferd leichter, in den Schritt zu parieren.
Kurz vor jeder Wendung parieren Sie wie in Übung XIX zum Schritt, hier ist es allerdings besonders wichtig, sich das Pferd wieder ganz gerade zu denken. Sowohl im Galopp als auch beim Übergang zum Schritt

soll das Pferd sich unter Ihnen stabil und gerade anfühlen.
Nun wenden Sie aus dem Schritt wie in Übung VI beschrieben die Vorhand des Pferdes um den Pylonen herum. Wenn Sie die neue Seite des Quadrates erreicht haben, galoppieren Sie wieder an.

Reiten Sie diese Übung nicht häufiger als 3 Mal pro Hand und wenn Sie die Möglichkeit haben: bauen Sie sich die Pylone einmal auf einem Feld oder einer großen Wiese auf und reiten Sie die Übung dort.

PS: Sie können die aufgestellten Pylone in der Halle/auf dem Platz auch nutzen, um die Übung etwas abzuwandeln: in dieser Variante reiten Sie im Trab auf dem auf der Spitze stehenden Quadrat, Sie können dabei ruhig leichttraben, und wenden an jeder Pylon die Vorhand des Pferdes ohne das Pferd zu stellen. Versuchen Sie sich vorzustellen, Ihr Pferd würde auch in der Wendung gerade bleiben (was es natürlich nicht ist) so wie es auf den Seiten des Quadrates gerade ist, das hilft Ihnen dabei, wirklich die äußere Schulter zu wenden.

Nr.XX: Der Diamant

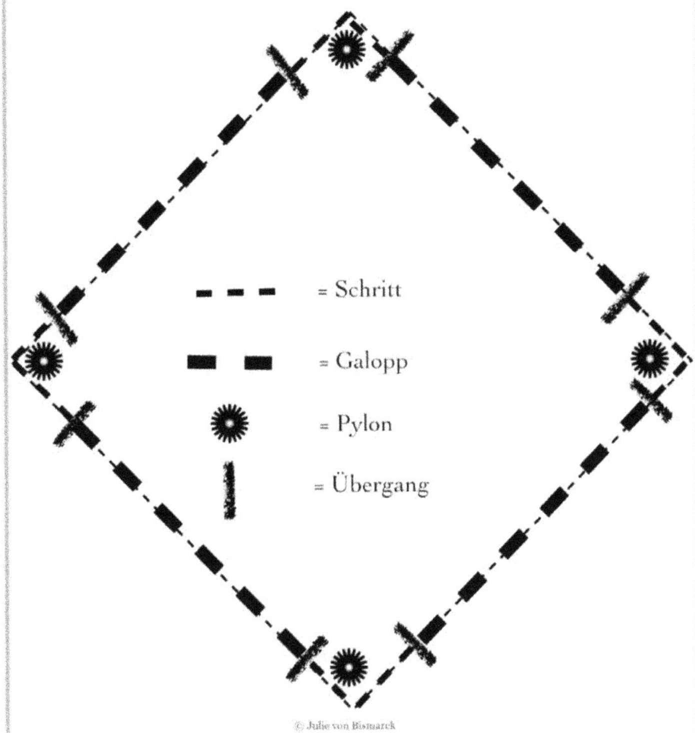

Übung XXI: Gerade und gebogen I

In dieser Übung widmen wir uns dem Wechsel zwischen einem geraden Pferd und einem Pferd auf einer gebogenen Linie. Sie können Teil I dieser Übung auch schon nach der Übung VIII reiten.

Und so geht es:
Wir reiten im Trab ganze Bahn, Sie können dabei leichttraben oder aussitzen, das geht beides.
Anfang der langen Seite verschieben wir das Pferd im Schenkelweichen weg von der Bande bis etwa auf die Viertellinie.
Dabei lassen wir das Pferd und unser Becken ziemlich gerade, drehen Schultern und Becken nur minimal nach innen und schauen in die Richtung in die wir reiten wollen. Die innere Wade treibt, die äußere schiebt das Pferd hinüber.

Auf der Viertelline angekommen reiten wir schnurgerade geradeaus zur kurzen Seite, wenden ab und reiten gleich in eine Volte.
Für den Übergang von dem „schnurgerade geradeaus reiten" zum reiten auf einer gebogenen Linie legen wir den äußeren Oberschenkel/Knie vermehrt an, lassen die äußere Wade am Pferd, geben der inneren Schulter des Pferdes Raum, indem wir das innere Knie etwas wegnehmen und treiben mit der inneren Weide vor.

Aus der Volte heraus reiten wir wieder auf den Hufschlag richten uns und das Pferd gerade aus und verschieben das Pferd wieder im Schenkelweichen weg von der Bande nach innen, reiten auf der Viertellinie wieder vorwärts geradeaus und wenden dann an der kurzen Seite wieder auf die gleiche Hand ab, um die Übung zu wiederholen.

Wiederholen Sie die Übung auf jeder Hand 5 Mal.

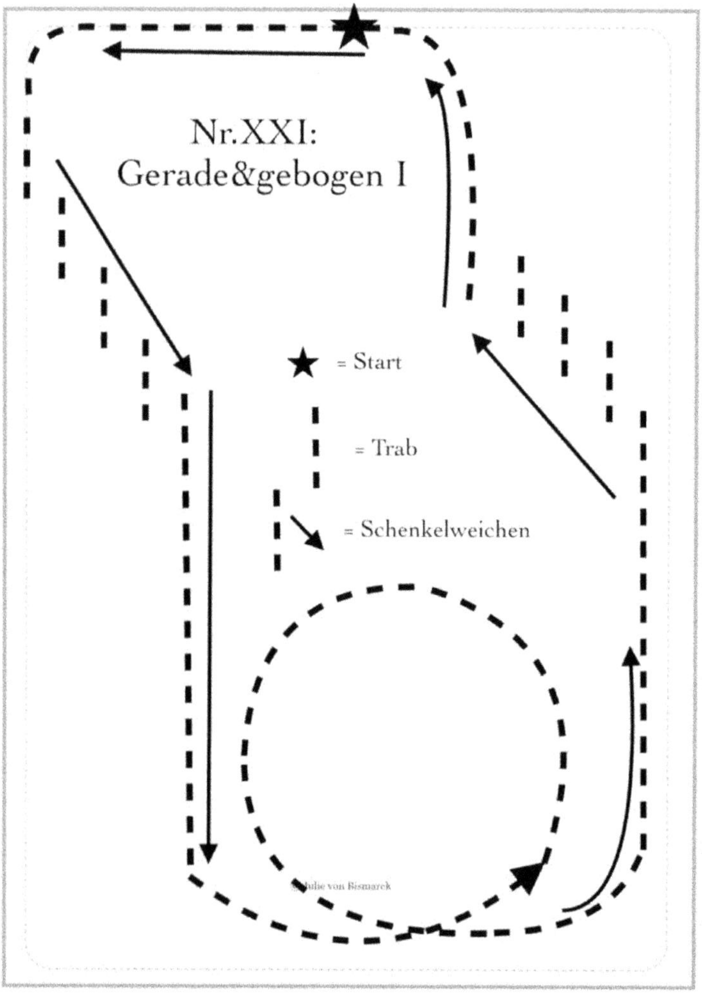
Nr.XXI:
Gerade&gebogen I
= Start
= Trab
= Schenkelweichen

Übung XXII: Gerade & gebogen II

Im zweiten Teil dieser Übung reiten wir das gleiche im Galopp. Wir galoppieren in einem ruhigen, kontrollierten, unaufwendigen Galopp ganze Bahn.
Anfang der langen Seite verschieben wir das Pferd möglichst gerade seitwärts nach innen auf die Viertellinie.
Schauen Sie in die Richtung, in die Sie reiten wollen, denken ansonsten aber eher an „gerade" als an „seitwärts" und bleiben locker sitzen.
Schieben Sie Ihr Pferd mit dem äußeren Bein nach innen und galoppieren Sie dann wieder geradeaus.
Auf der Viertellinie angekommen nehmen wir also den Druck von der äußeren Wade, achten darauf, dass das Pferd wieder zwischen beiden Beinen wie auf einer Schnur geradeausläuft und reiten vorwärts bis zur kurzen Seite.
Die beiden Galoppsprünge vor Erreichen der kurzen Seite machen wir schon etwas kleiner, damit wir in die Volte reiten können, ohne dass unser Pferd schleudert.

In der Volte wenden unser äußeres Knie/Oberschenkel die Schulter des Pferdes, unsere innere Schulter ist nach hinten genommen, der innere Beckenknochen vorgeschoben. Innere Wade treibt, äußere begrenzt.

Wir reiten aus der Volte heraus, auf den Hufschlag, richten uns und unser Pferd wieder gerade aus und verschieben Anfang der langen Seite erneut auf die Viertellinie.
An der kurzen Seite angekommen wenden wir wieder auf die gleiche Hand ab wie in Teil I beschrieben.

Sollten Sie feststellen, dass Ihr Pferd im Galopp „ausgeht“, Schwierigkeiten in der Balance hat oder zu eilen beginnt, reiten Sie zwischendurch eine ganze Runde um die Bahn, wechseln vielleicht kurz in den Trab und versuchen es dann erneut.

PS: Den meisten Reitern und Pferden fällt die Übung im Galopp leichter.

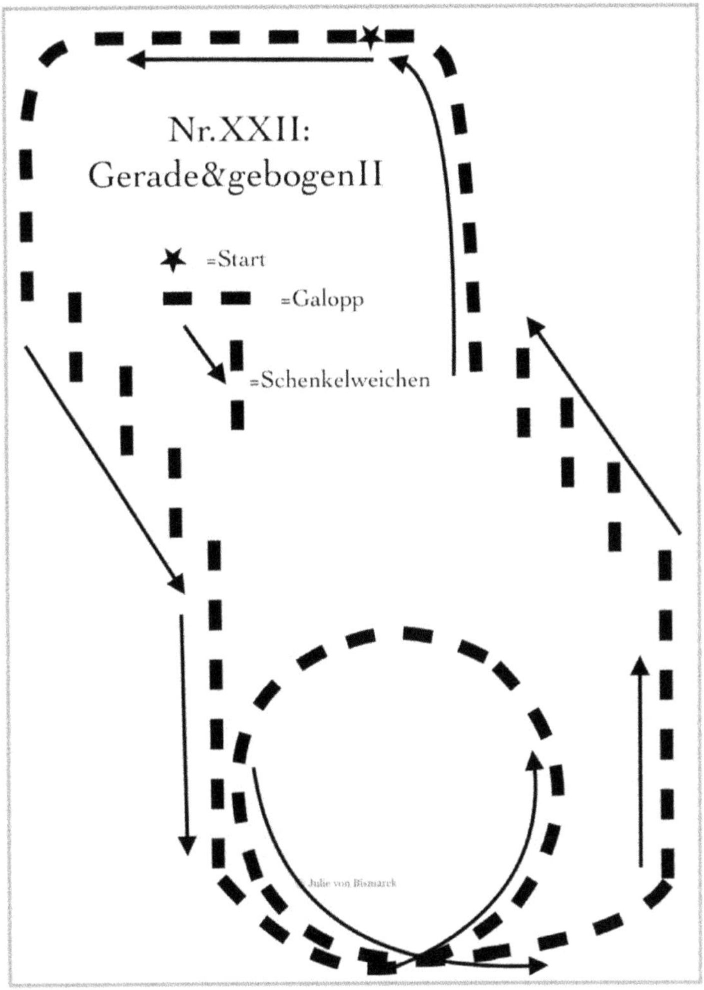

Nr.XXII:
Gerade&gebogenII
=Start
=Galopp
=Schenkelweichen
Julie von Bismarck

Übung XXIII: Die Basis

Diese Übung hätte ich auch ganz an den Anfang stellen können, aber ich habe sie mir extra bis zum Schluss aufgehoben.

Es ist eine der Übungen, mit denen ich die schnellsten und beeindruckendsten Erfolge in der Aufmerksamkeitsschulung von Reiter und Pferd aber auch im Bewegungsablauf der Pferde hatte.
Besonders bei Pferden, die dazu tendieren hinten breitbeinig zu treten, wirkt diese Übung Wunder.

Gleichzeitig ist sie die absolute Basisübung für jeden Reiter und jedes Pferd und ich würde sie bei jedem Warmreiten (so denn auf dem Platz geritten wird) einfließen lassen.
Die Übung schult die Reaktionsfreudigkeit und Konzentration des Reiters und bringt Reiter und Pferd unmittelbar in ein lebhaftes Gespräch.

Und so geht es.
Sie reiten im Leichttraben ganze Bahn und gehen an der langen Seite auf den 2. Hufschlag.
Kurz vor der Ecke lassen Sie Ihr Pferd einen Seitwärtsschritt (im Trab) nach außen machen, so dass es auf dem 1. Hufschlag ankommt. Halten Sie Ihr Pferd dabei gerade oder leicht nach innen gestellt und stellen Sie sich vor, Sie wollten die Hinterhand des Pferdes vorausschicken, sonst kann es passieren, dass Ihr Pferd hinten nicht kreuzt und dann geht der Nutzen der Übung verloren.

Auf dem ersten Hufschlag angelangt reiten sie tief in die 1. und in die 2. Ecke der kurzen Seite.
Gleich nach Erreichen der langen Seite lassen Sie Ihr Pferd wieder einen Schritt nach innen machen, so dass Sie wieder auf dem 2. Hufschlag sind und so weiter.
Achten Sie darauf, an den langen Seiten die Hilfen aus der Übung „Gerade reiten" zu nutzen und Ihr Pferd wirklich auf „der Schnur" zu halten.

Für den Seitwärtsschritt erhöhen Sie Ihre Körperspannung, legen beide Oberschenkel fester ans Pferd und schieben es mit dem entsprechenden Bein zur Seite. Also einmal inneres Bein, beim nächsten Mal äußeres Bein, dann wieder inneres Bein.

Konzentrieren Sie sich darauf, nicht mit dem Zügel korrigieren oder einwirken zu wollen und beim Durchreiten der Ecken Ihre innere Hüfte vorzuschieben sowie die innere Schulter zurück zu nehmen und sich nach der Ecke sofort wieder gerade auszurichten.
Schauen Sie in den Spiegel oder lassen Sie eine Person von unten kontrollieren, ob Ihr Pferd und Sie auf den langen Seiten ganz gerade sind und ob das Pferd beim Seitwärtsschritt auch wirklich kreuzt.
Wenn Sie ein hinten breittretendes Pferd reiten, lassen Sie jemanden schauen, ob sich die Fußung verändert – bei den meisten Pferden ist dies nach wenigen Wiederholungen der Fall.

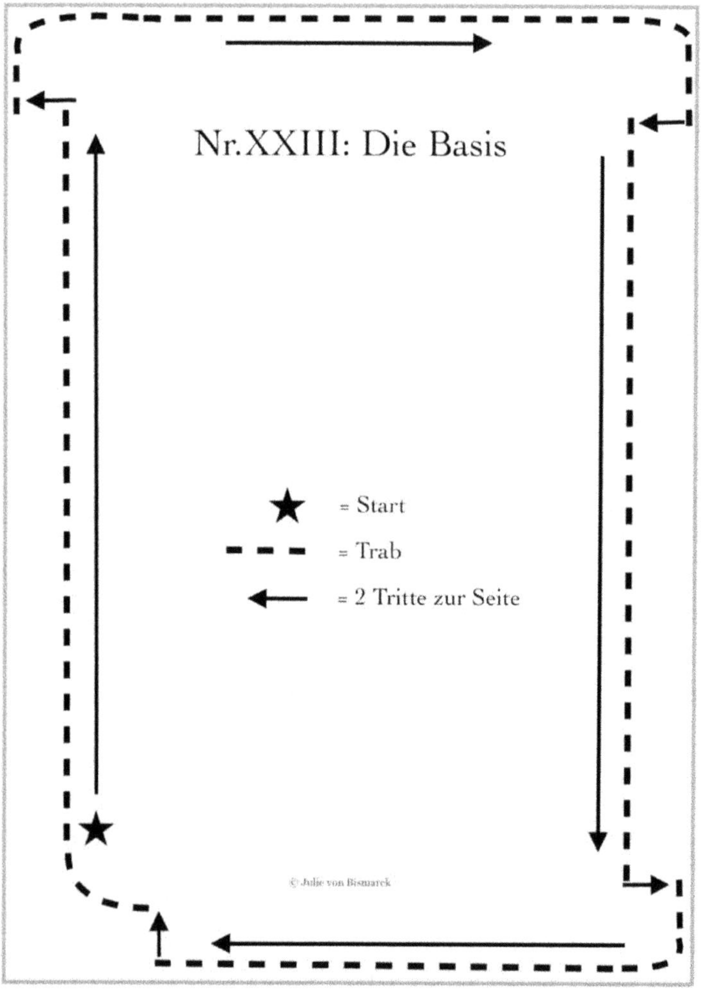
Nr.XXIII: Die Basis
= Start
= Trab
= 2 Tritte zur Seite
© Julie von Bismarck

Es gäbe natürlich noch etliche weitere Übungen, die für die Verfeinerung der Kommunikation mit dem Pferd hervorragend geeignet sind. Da der Rahmen in diesem Buch aber begrenzt ist, habe ich mich hier für eine Auswahl entschieden, die zum einen für jedes Pferd-Reiter Paar nachreitbar sein sollte und zum anderen viele Übungen beinhaltet, die meiner Erfahrung nach gerade zu Beginn einer Umstellung des eigenen Reitstils sowohl für das Pferd als auch für den Reiter besonders hilfreich sind.

Ich hoffe, dass Ihnen diese Art des Trainings genauso viele Aha-Erlebnisse und so viel Freude beschert wie mir und den Reitern, mit denen ich auf diese Weise trainiere. Dass Sie erfahren dürfen, wie sich Ihre Freundschaft zu Ihrem Pferd vertieft und Sie das Gefühl haben, Ihr Pferd durch diese Arbeit noch besser zu verstehen.
Dass Sie erleben dürfen wie leicht Reiten sein kann, wie ein scheinbar stumpfes Pferd plötzlich voller Eifer bei der Sache ist und auf kleinste Hilfen und Gesten reagiert, oder ein immer überspanntes Pferd durch diese Art der leisen, freundlichen aber nachvollziehbaren Kommunikation auf einmal loslässt und zuhört.

Kurz: dass Sie erleben und verstehen dürfen, wie laut es sein kann, wenn man flüstert.

Und dass diese Lautstärke für ein Gespräch mit dem Pferd trotz seiner Größe und Kraft vollkommen ausreichend ist.

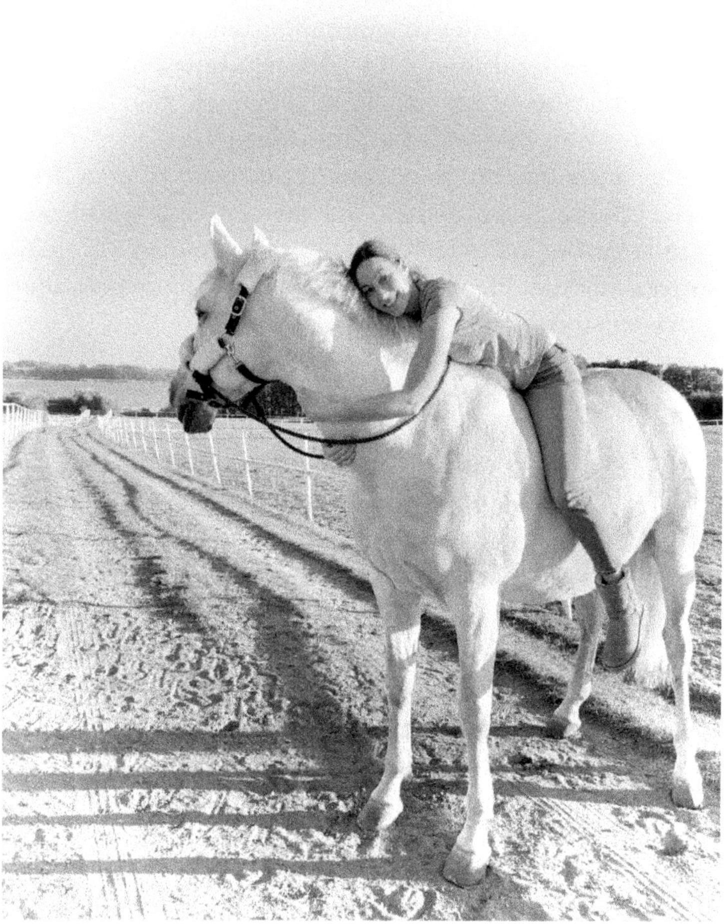

Abb.XX: Vertrauen und Freundschaft statt Zwang und Kontrolle

Weitere Bücher zum Thema Pferd von Julie von Bismarck:

„Reitsport – Auf dem Rücken des Pferdes“

„Zusammenhänge im Pferd“

„Reeva und die Pferde – Sommer auf Gut Balmore“

www.ingramcontent.com/pod-product-compliance
Ingram Content Group UK Ltd.
Pitfield, Milton Keynes, MK11 3LW, UK
UKHW021102290826
14628UKWH00014B/69

9 783982 041490